라멘집 창업한 회계사의
실전 회계학개론

라멘집 창업한 회계사의
실전 회계학개론

이시도 류 지음
오시연 옮김

가게 운영에서 배운 돈 관리의 기술

현익출판

들어가며

라멘집을 차리기로 결심한 이유

저는 공인회계사, 세무사, 법무사, 행정사 자격증을 가지고 있으며, 고향인 일본 아오모리현 하치노헤시에서 사무실을 운영하고 있습니다. 이른바 '사士' 자가 붙은 일을 하고 있죠. 그런 제가 2020년 10월, 라멘 가게를 오픈했습니다. 가게 이름은 '드래곤라멘'입니다. 제가 라멘 가게를 운영했다고 하면 많은 사람이 이렇게 말합니다.

"라멘 가게를 차릴 정도면 라멘을 엄청 좋아하시나 봐요."

전혀 그렇지 않습니다. 기껏해야 한 달에 두세 번 먹는 정도입니다. 제가 라멘 가게를 차리기로 결심한 이유는 크게 세 가지입니다.

첫째, 그저 라멘 가게 주인이 되어보고 싶었습니다. 옛날부터 라멘이라는 음식 자체가 아니라 '라멘 가게'가 멋있어 보였습니다. 라멘 가게 주인이라고 하면 머리에 수건을 두르고 팔짱을 딱 낀 채 라멘과 진

검승부를 벌이는 모습이 떠오릅니다. 평소에는 무뚝뚝하지만 손님이 식사를 마친 뒤 맛있었다고 말하면 내심 흐뭇해하는 그런 모습이 제 눈에는 너무 멋있어 보였어요.

저는 고집불통이지만 인정이 넘치는 사람이 되고 싶었습니다. 저는 다른 사람의 말을 잘 듣지 않는 성격입니다. 학창 시절 생활기록부에 '수업에 집중하지 않는다'라고 적혀 있을 정도죠. 취미로 즐기고 있는 격투기도 누군가에게 기술을 배운 적이 없습니다. 준비 운동도 하지 않습니다. 다른 누군가에게 무언가를 배우는 것은 제 성격에 맞지 않습니다. 저는 어떤 분야든 시행착오를 겪으며 직접 해보는 것을 좋아합니다. 배워야 할 이론이 별로 없는 라멘이라는 요리는 그런 제게 안성맞춤이었죠.

둘째, 라멘 가게를 비롯해 음식점 경영은 리스크가 매우 큰 사업이기 때문입니다. 그래서 굳이 도전을 했습니다. '사' 자가 붙은 업은 비용이 적게 들고 안정적이어서 사무실 문을 닫는 사람이 많지 않습니다. 하지만 음식점을 비롯한 여러 중소기업 사장님들은 리스크를 감수하며 인생을 걸고 가게를 운영합니다. 저는 상대적으로 안전한 위치에 있으면서 그런 분들에게 조언을 하는 것이 조금 불편했습니다. 같은 입장이 되면 세상을 바라보는 관점이 달라질 수 있을 것 같았습니다. 실제로 라멘 가게를 운영하면서 겪은 어려움들은 제게 많은 가르침을 주고 있습니다.

셋째, 인구가 줄어 점점 쇠퇴해가는 지방 도시의 중심가에 기운을 불어넣고 싶었습니다. 아오모리현 하치노헤시는 2000년까지만 해도 인구가 약 25만 명이었지만, 20년이 지난 지금은 약 3만 명이 줄었고, 앞으로도 계속 감소할 것으로 예상됩니다. 또한 교외에 대형 상점들이 들어서면서 과거에는 사람들의 발길이 끊이지 않았던 중심가가 너무나 조용해졌습니다. 많은 사람이 제 가게에 들러 식사를 하고 겸사겸사 다른 가게에도 관심을 가져주면 참 좋을 것 같다고 생각했습니다.

이 책은 제 전문직 경험과 라멘 가게 주인으로서의 경험을 결합해 장사를 하며 돈을 벌기 위해 필요한 회계 지식을 최대한 쉽게 설명했습니다. 회사나 가게를 경영하는 사람들은 물론이고, 돈과 회계에 관심이 있는 사람들, 라멘 가게 경영에 관심이 있는 사람들에게 도움이 될 것이라 생각합니다.

약간의 관심이 있는 정도라면 그것으로 충분합니다. '회계는 생각만 해도 머리가 아파', '복잡한 숫자를 보면 어지러워'라고 생각하는 사람이 많은데, 조금만 공부하면 업무에 도움이 되는 지식을 충분히 얻을 수 있습니다. 이 책을 통해 회계의 기본 지식과 이익을 내는 법을 꼭 익혀 보다 나은 삶을 살아가길 간절히 바랍니다.

이시도 류

차례

들어가며 라멘집을 차리기로 결심한 이유　　　　　　　　　　　　　　5

1장. 라멘 가게 경영으로 배우는 회계의 중요성

01　돈을 버는 것은 결코 쉬운 일이 아니다 • 이익은 어떻게 변하는가　　　13
02　돈벌이가 쉬운 사업이 있을까 • 매출·경비·리스크의 균형　　　　　　20
03　라멘 한 그릇에 드는 돈은 얼마일까 • 드래곤라멘을 예로 생각해보다　27
04　회계가 다 무슨 소용이야? • 주먹구구식 계산의 위험　　　　　　　　31
05　돈을 벌기 위한 간단한 규칙 • 비슷한 라멘 가게가 줄줄이 생기는 이유　38
06　회계, 어려운 지식은 필요하지 않다 • 초등 수학만 알면 충분하다　　　45
07　계획은 늘 필요하다 • 때로는 무계획도 즐겁지만……　　　　　　　　53
08　라멘 가게는 '시작'이 중요하다 • 승부는 개시 시점에 이미 정해진다　　60
09　그래서 관리회계의 매력이 뭐라고? • 돈을 벌기 위해 꼭 필요한 도구　　67
　칼럼 드래곤라멘 개업 이야기 ① • 아무도 예상하지 못한 장소　　　　73

2장. 라멘 한 그릇에서 어떻게 이익이 생겨날까

- 01 업태별 라멘의 이익 구조 • 줄을 서는 라멘 가게는 돈을 많이 번다고? 77
- 02 이익이 나지 않는 가게는 망한다 • 애초에 이익이란 무엇일까 85
- 03 드래곤라멘의 손익분기점 • 공헌이익은 한 그릇당 이익 91
- 04 이익이 나는 라멘 가게 만드는 방법 • 지속적으로 이익을 내려면 어떻게 해야 할까 100
- **칼럼** 드래곤라멘 개업 이야기 ② • 멸치 베이스로 메뉴를 짜다 106

3장. 라멘 가게의 효과적인 '돈 사용법'

- 01 고기는 변동비, 임대료는 고정비 • 최종적으로 돈을 남기려면? 111
- 02 완벽하게 손해 보는 재고 손실 • 날씨에 따라 고객 수가 달라지기도 한다 119
- 03 매출이 없어도 임대료는 변하지 않는다 • 사실은 무서운 고정비 이야기 126
- 04 고정비를 줄일 수 있는 방법 • 가장 쉬운 방법은 직접 일하는 것 133
- 05 가격 인상에 어떻게 대응할 것인가 • 가격은 한 번 오르면 좀처럼 떨어지지 않는다 141
- 06 라멘 가게를 위협하는 것은 라멘 가게? • 가치는 시장이 결정한다 148
- 07 6시간으로 어떻게 이익을 낼 것인가 • 장사야말로 '시간이 돈이다' 153
- 08 홍보를 하면 사람들이 몰려든다? • '비용 대비 효과'를 의식하자 160
- **칼럼** 드래곤라멘 개업 이야기 ③ • '유료 광고 금지'라는 셀프 제한 플레이 168

4장. 라멘 가게 경영자에게 배우는 '돈을 잘 남기는 방법'

- 01 라멘 가게는 왜 그렇게 빨리 바뀔까 • 음식점 경영이 어려운 이유 173
- 02 '도산'이란 무엇일까 • 장사가 잘되어도 돈이 없으면 망한다 180
- 03 라멘 가게 체인점이 생기는 이유 • 한 매장만으로는 이익을 내기 어렵다 187
- 04 계산은 맞는데 돈이 모자란다고? • 라멘 가게의 감가상각과 세금 196
- 05 라멘 가게도 무서워하는 세무 조사 • 경비가 되는 것과 안 되는 것 205
- 06 라멘 가게 사장님은 어떤 사람일까 • 사업상의 '개인'과 '법인'의 차이 211
- **칼럼** 드래곤라멘 개업 이야기 ④ • 메뉴를 객관적으로 평가하기는 어렵다 220

나가며 더 나은 세상을 꿈꾸며 225

1장

라멘 가게 경영으로 배우는 회계의 중요성

01
돈을 버는 것은 결코 쉬운 일이 아니다
이익은 어떻게 변하는가

여러분은 장사로 돈을 버는 것이 결코 쉽지 않다는 사실을 알고 있는가? 예를 들어보도록 하겠다. A는 일본식 라멘 가게를 운영하면서 한 달에 약 1천만 원의 매출을 올린다. 작가인 B는 글을 써서 한 달에 약 300만 원을 번다. 자, 둘 중 누가 더 많은 돈을 벌고 있을까?

정답은 '모른다'다. 처음부터 헷갈리는 질문을 해서 죄송하다. 하지만 이 기회에 잘 생각해보자. 돈을 번다는 것은 애초에 어떤 의미일까? '돈을 번다'라는 것은 최종적으로 돈이 수중에 남아 있는 것을 말한다. 페이스북, 인스타그램 등 SNS를 보면 '월 매출 9천만 원 달성!'과 같이 엄청난 호황을 과시하는 사람들의 글을 쉽게 볼 수 있다. 나는 그런 글을 볼 때마다 '과연 그중에서 이익은 얼마일까?'라고 생각한다.

중요한 것은 매출보다 이익

매출은 참 중요하다. 그런데 그보다 더 중요한 것은 바로 '이익'이다. 이익이 곧 '벌이'다. 왜 그럴까? 이익이 없는 상태, 즉 적자는 돈이 수중에서 줄어든다는 뜻이기 때문이다. 기업의 파산 소식을 알리는 뉴스를 볼 때 '채무 초과'라는 말을 들어본 적이 있을 것이다. 적자가 계속되어 빚이 점점 늘어나면서 기업이 보유한 현금과 토지, 건물 등의 가치를 초과했다는 말이다.

당연한 말이지만, 은행은 대출을 갚을 수 있을 것 같은 사람과 회사에만 돈을 빌려준다. 금융권을 소재로 한 드라마를 보면 위기에 처한 사장이 직접 은행을 찾아가 "제발 대출 좀 해주세요" 하고 고개를 숙이며 사정하는 장면이 자주 등장한다. 하지만 은행은 빌려준 돈을 반드시 회수해야 하므로 가망이 없다고 판단하면 대출을 단호하게 거절한다.

그러한 과정을 거친 뒤 도저히 손을 쓸 방법이 없을 때 기업은 파산하게 된다. 내가 공인회계사가 되기 전에 다녔던 회사도 은행으로부터 대출을 거절당해 결국 파산하고 말았다.

매출만으로는 이익을 알 수 없다

앞서 던진 문제를 다시 한번 생각해보자. 라멘 가게 주인인 A와 작가

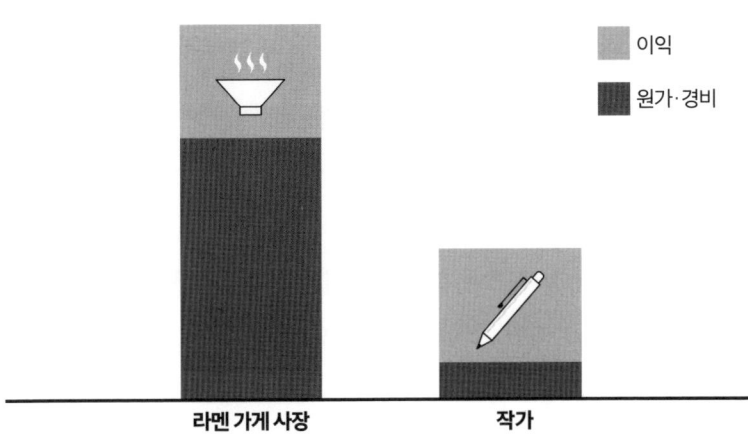

인 B 중 누가 더 많은 돈을 버는지 우리는 알 수 없다고 했다. 그 이유는 무엇일까? 라멘 가게를 운영하려면 우선 재료를 매입해야 한다. 수도 요금, 가스 요금 등 각종 경비도 발생하고, 아르바이트생을 고용했을 수도 있다. 매출은 1천만 원이지만, 이것저것 제하고 나면 수중에 남는 돈은 얼마 되지 않을 수도 있다.

반면 작가의 원가는 훨씬 적게 잡힌다. 글을 써서 거래처에 전달하면 되는 일이기 때문에 컴퓨터 한 대만 있으면 집에서도 일을 할 수 있다. 가게가 필요한 장사와 비교하면 비용이 들지 않는 편이다.

정리하면, 장사에 드는 원가와 경비를 조사해야만 어느 쪽이 돈을 더 잘 버는지 알 수 있다.

이익을 내지 못하면 어떻게 될까

무서운 이야기를 해야 할 것 같다. 나는 행정사와 법무사 자격증을 가지고 있다. 일반인에게 법무사의 업무 내용은 조금 낯설 수도 있다. 법무사의 주된 업무는 매매와 상속 등에 따라 토지나 건물의 명의를 변경하는 일을 대리해주는 것이다. 법원 제출용 서류를 작성하기도 하고, 법원의 명령으로 친지가 없는 사람의 성년후견인이 되기도 한다.

일본에는 '자기 파산'이라는 제도가 있다. 빌린 돈을 갚을 수 없는 경우, 회생을 목표로 법원이 개입하여 정리하고 법적으로 빚을 탕감해준다. 이렇게 보면 꽤 괜찮은 제도 같지만 단점도 존재한다. 자기 파산을 하면 이른바 '블랙리스트'에 등록되어 당분간 대출을 받을 수도, 신용카드를 만들 수도 없다.

나도 자기 파산을 희망하는 사람과 상담을 하는 경우가 종종 있다. 서류를 작성하기 위해 빚이 늘어난 사정을 들어보면, 도박, 사기, 사고로 인한 실직 등 원인이 매우 다양하다. 그런데 그중 상당수가 말하는 파산 원인은 바로 '사업 실패'였다.

부침이 심한 음식점 업계

특히 음식점은 개업 후 5년 만에 적어도 절반 이상, 10년 만에 90%가 망한다고 알려져 있다. 여러분도 집 근처에 생긴 음식점이 얼마 지나지 않아 문을 닫은 것을 보고 당황한 적이 있을 것이다. 음식점은 진입 장벽이 낮아 경쟁이 치열하고, 그만큼 많이 실패한다.

대표적인 실패 사례는 직장을 뛰쳐나온 뒤 경험도 없이 음식점을 덜컥 개업하는 것이다. 예를 들어보도록 하겠다. 깔끔하게 인테리어를 마치고 고급스러운 식기와 비품을 갖추느라 개업 자금으로 1억 5천만 원이 들었다. 그중 자기 돈은 3천만 원이고, 나머지 1억 2천만 원은 은행에서 대출받은 돈이다. 그런데 생각만큼 손님이 오지 않아 결국 1년 만에 폐업했다.

이 경우 대출을 받은 돈은 공사 대금 등으로 이미 써버려 수중에 남아 있지 않다. 자영업자로서 개점 자금을 대출받으면 일반적으로 상환 기간은 7~10년 정도이며, 조금씩 분할 상환해야 한다.

그런데 문을 연 지 얼마 되지 않아 가게를 접으면 그 이후에 갚아야 할 빚의 대부분이 남는다. 다시 직장에 들어가 빚을 갚아나가는 방법도 있지만, 상환액이 너무 커 생활이 어려워지면 자기 파산과 같은 면책 방법을 찾게 된다.

무언가를 잘못해서 폐업한 것이 아니다

개업한 지 얼마 되지 않아 힘든 상황에 부닥친 사람은 무언가를 크게 잘못한 걸까? 꼭 그렇지만도 않다. 물론 계획을 지나치게 낙관적으로 세우긴 했을 것이다. 하지만 계획처럼 되지 않은 것은 예상보다 손님이 적었다는 것뿐이다.

이는 음식점에만 해당하는 이야기가 아니다. 사업을 할 때 고객 수는 다양한 요소가 복합적으로 작용하여 정해진다. 날씨가 덥거나 춥거나, 어떤 질병이 유행하거나, 근처에서 자주 열리던 행사가 갑자기 중단되거나 등의 이유로 손님의 발길이 뚝 끊겨 매출이 반 토막이 날 수도 있다. 내가 지금 예로 든 것은 드래곤라멘에도 실제로 일어난 일이다.

그래도 가게 주인은 손님이 올 것을 대비해 준비를 해야만 한다. 손님이 왔는데 음식이 없으면 엄청난 맛집으로 소문난 경우가 아닌 이상 그 손님은 두 번 다시 방문하지 않을 것이다.

인기 있는 라멘 가게는 일부러 하루 판매량을 정해놓고 손님을 줄 세우는 전략을 펼치기도 한다. 하지만 이는 상당한 브랜드 파워가 있지 않고서는 오히려 역효과를 낳을 수도 있다.

경험이 없으면 손님이 얼마나 올지 예상하기 힘들다. 나는 날씨와 요일을 기준으로 손님을 예상했는데, 짐작이 빗나간 날이 더 많았다. 어떤 날은 손님이 전날의 절반도 오지 않았고, 어떤 날은 정신이 없을 정도로 북적거렸다. 그 이유를 알지 못한 채 대응하기 일쑤였다.

손님이 예상보다 적으면 업종에 따라서는 재고 손실이 발생한다. 식재료가 상하면 버려야 하고, 그 구매 대금은 고스란히 손실이 되기 때문이다.

회계는 사업을 오래 지속하기 위한 도구

이처럼 사업으로 돈을 벌며 오랜 기간 운영하는 것은 결코 쉬운 일이 아니다. 하지만 제대로 공부하면 가게가 망하거나 파산할 가능성을 크게 줄일 수 있다. 이를 위한 도구가 바로 '회계'다.

'회계'라는 단어를 들으면 "나는 숫자만 봐도 멀미가 나는 것 같아", "너무 어려워. 내가 할 수 없는 일이야"라고 말하며 거부 반응을 보이는 사람이 많다. 하지만 걱정하지 말자. 회계는 사칙연산만 할 줄 알면 누구나 할 수 있다. 지금부터 최대한 쉽게 설명할 테니, 사업에 큰 도움이 되는 도구인 회계를 함께 공부해보자.

02

돈벌이가 쉬운 사업이 있을까
매출·경비·리스크의 균형

나는 대학 시절 돈이 없어 매일매일 토핑 하나 올려져 있지 않은 가장 저렴한 카레를 먹었다. 격투기와 마작에 빠져 두 차례나 유급을 했고, 독일어 학점을 따지 못해 1학년이 듣는 수업을 6년 연속 듣기도 했다. 기운이 없어 아르바이트도 제대로 하지 못했지만 1킬로그램에 3만 원이나 하는 단백질 보조제를 사 먹어 생활이 항상 쪼들렸다. 나는 늘 '편하게 돈을 벌고 싶다', '하루 종일 잠만 자도 돈이 생기는 방법이 없을까?' 고민하고, 또 고민했다.

즐겁게 돈을 벌 수 있는 방법은 없을까

그로부터 20년이 지났다. 나는 여전히 그 고민에 대한 답을 찾지 못했다. 만약 그 방법이 있다면 엄청난 자금력이 있는 자산가가 리스크가 낮은 투자를 하는 정도일 것이다.

요즘 도요타자동차의 배당률은 3% 정도다. 웬만해서는 망하지 않고 비슷한 수준의 배당을 하는 기업의 주식을 10억 원어치 매수하면 연간 3천만 원의 배당금을 받을 수 있다. 주가가 하락해 손해를 볼 수도 있지만, 비교적 안정적인 수입을 얻을 수 있다.

반면 암호자산(가상화폐)과 같이 한 번에 큰돈을 벌 가능성이 있는 투

리스크와 리턴을 파악하자!

자는 가격 변동이 심해 리스크도 그에 비례해 커진다. 반대로 리스크가 적은 도전은 리턴도 적다. 자본이 없는 사람은 리스크를 감수하면서 벽돌을 쌓아가듯 꾸준히 노력하는 것이 지름길이다.

요즘은 일하는 방식이 크게 바뀌었다. 도요타자동차의 사장은 "종신고용을 유지하기 어렵다"라고 발언했고, 프리랜서나 독립을 택하는 사람도 점점 늘어나고 있다. 독립에는 여러 가지 선택지가 있다. 그런데 과연 돈벌이가 쉬운 사업이란 게 존재하기는 할까?

돈을 벌기 위한 구체적인 방법

앞서 '이익 = 벌이'라고 이야기했다. 즉, 돈을 벌기 위한 사업이란 이익을 남기기 쉬운 사업을 의미한다.

그렇다면 이익을 몇 가지 요소로 분해해보자. 먼저 수중에 들어오는 돈을 '매출'이라고 한다. 라멘 가게라면 손님에게 받은 음식값, 옷 가게라면 옷값, 작가라면 원고료가 매출이다. 경비가 전혀 들지 않는 사업은 없다. 따라서 어느 정도 이상의 매출이 있어야만 이익이 발생한다. 이익이 마이너스인 상태를 '적자'라고 한다.

일본식 라멘을 만들기 위해서는 고기, 닭뼈, 멸치, 채소 등 다양한 재료가 필요하다. 옷은 일반적으로 제조업체에서 사들인다. 이렇게 상품을 준비하는 데 직접 들어간 비용을 '매출원가'라고 한다. 알기 쉽게 앞으로는 '원가'라고 하도록 하겠다(15쪽 표 참고).

직종에 따라 '돈을 버는' 구조가 다르다

작가는 원고 요청이 들어올 때마다 컴퓨터를 새로 구매하지 않는다. 기획물 기사 등을 쓸 때 어떤 형태로든 원가가 들 수는 있지만, 상대적으로 원가가 낮은 사업이라고 할 수 있다.

라멘 가게는 재료비 외에도 가게 임대료와 전기 요금, 수도 요금 등 각종 경비가 발생한다. 도심의 역 앞이 아니면 손님이 자동차를 이용해 방문하는 경우가 많으므로 주차장을 빌려야 할 수도 있다. 드래곤라멘도 직원용 주차장과 손님용 주차장을 마련했었다. 점심시간이나 저녁 시간에는 손님이 몰리기 때문에 아르바이트생을 고용해야 한다.

옷 가게는 어떨까? 온라인 판매만 할 것이 아니라면 가게를 임대해야 한다. 전기 요금, 수도 요금 등 각종 경비가 발생하긴 하지만 음식점에 비하면 부담이 크지 않을 것이다. 고객이 특정 시간에 몰리지 않기 때문에 면적이 넓지 않다면 혼자서 가게를 운영할 수 있다.

한편, 작가는 가게가 필요하지 않다. 집에서도 얼마든지 작업을 할 수 있다. 엄청난 영향력을 가진 작가가 아니고서는 조수를 따로 두는 일도 없다. 따라서 경비가 거의 들지 않는다.

이상의 내용을 정리하면, '이익 = 매출 - 경비'이므로 작가가 돈을 벌기 가장 쉽고, 라멘 가게가 가장 어려워 보인다.

매출과 경비, 리스크의 균형이 중요하다

하지만 '작가가 라멘 가게나 옷 가게보다 돈을 벌기 쉽다!'라고 쉽게 단정지어서는 안 된다. 작가의 임금 시세를 조사해보니 경험이 없는 사람은 아무리 비싸도 글자당 10원 정도로 시세가 형성되어 있었다. 기사는 성격에 따라 분량이 제각각이지만 여기서는 3,000자 정도의 기사를 생각해보자. 원고지는 1매에 200자이므로 원고지 15매 정도의 기사를 쓰면 약 3만 원을 받을 수 있다.

여러분도 학생 시절에 독서 감상문과 글쓰기 숙제 때문에 끙끙거린 경험이 있을 것이다. 짧은 글을 쓰는 것도 힘들어하는 사람이 많은데, 일로 의뢰받은 글을 쓰려면 엄청난 필력이 있어야 한다. 시간도 만만치 않게 걸린다. 익숙하지 않은 사람은 한두 시간 내에 글을 완성할 수 없다.

글을 의뢰받는 것 역시 결코 쉽지 않다. 가게 같은 것이 없으니 '작가가 업입니다'라고 간판을 내걸 수도 없고, 의뢰인이 길을 가다 '오, 마침 좋은 작가가 있네' 하고 들를 수도 없다. 기사를 발주하는 업체와 인연이 없으면 플랫폼 등을 이용해 일거리를 찾아야 한다.

비슷한 조건에서 일자리를 찾는 사람이 많기 때문에 특정 분야에 강점이 있지 않으면 보수 가격대가 거의 정해져 있어 단가를 크게 올리기가 쉽지 않다. 기사 한 편당 단가가 3만 원이라면 일주일에 5개, 한 달에 20개의 기사를 써도 60만 원밖에 벌지 못한다.

매장이 있는 옷 가게는 어떨까? 사람이 많이 지나다니는 곳에 위치해 있으면 특별한 행사를 하지 않아도 많은 사람이 방문할 것이다. 패션에 민감한 사람이라면 새로운 가게가 있는지 찾아볼 수도 있다. 하지만 나를 비롯해 대부분의 아저씨는 옷에 별로 관심이 없다. 또 규모가 작은 가게는 여성용, 남성용, 학생용, 직장인용과 같이 성별과 세대를 좁혀 그에 맞는 옷만 팔기도 한다. 이렇게 대상이 한정적이면 같은 손님이 자주 이용하기가 어렵지 않을까?

손님을 끌어모으기 좋은 라멘 가게

라멘 가게는 작가와 옷 가게와 비교하면 손님을 끌어모으기 쉬운 편이다. 열광적인 마니아들이 다수 존재하므로 새로운 가게가 오픈했다는 소식이 퍼지면 사람들이 속속 몰려든다. 맛이 괜찮으면 입소문이 나기도 하고, 인터넷 평점이 올라가기도 한다. 그러면 사람은 더욱 몰린다. 물론 맛이 없거나 가격이 비싸면 손님이 다시 찾아오지 않을 가능성이 크기 때문에 평판이 쉽게 퍼지는 것은 양날의 검이라 할 수 있다. 가게가 낮이나 밤에 사람들의 왕래가 잦은 입지에 위치해 있으면 지나가던 사람들이 들러주는 일도 꽤 많을 것이다.

일본의 유명 프로레슬러 안토니오 이노키는 '순환선 이론'을 주창했다. 간단히 말하면, 프로레슬링장을 항상 만원으로 만들기 위해서는 순환선 안쪽에 있는 프로레슬링 팬은 물론이고, 바깥쪽에 있는 무관심한 보통 사람들을 끌어당기는 노력이 필요하다는 것이다. 그러려면 열

라멘 가게의 '구심력'과 '원심력'의 관계

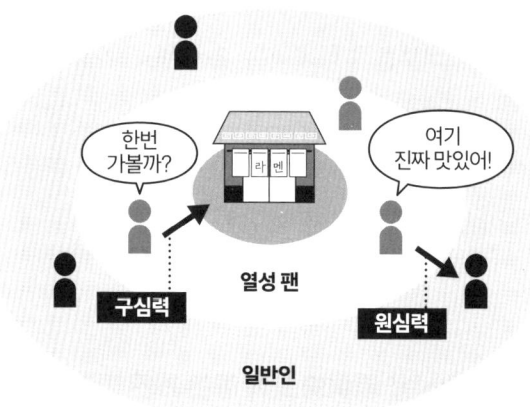

성적인 팬을 끌어당기는 구심력과 일반인에게도 알리기 위한 원심력이 필요하다.

라멘은 이 두 가지 힘을 모두 갖추었다. 좋은 가게에는 순식간에 많은 손님이 몰려든다. 미디어에 소개되는 경우도 있다. 드래곤라멘도 개점 후 1년 만에 TV, 신문, 인터넷 매체에 10회 가까이 소개되었다.

이처럼 사업 내용에 따라 고객을 모을 수 있는 난도가 다르다. 일반적으로 비용이 많이 드는 분야가 사람들의 눈에 띄기 쉬운 경향이 있다. 그리고 돈을 잘 벌려면 매출, 경비, 리스크가 균형을 이루어야 한다. 적당한 수준을 유지할 수 있도록 끊임없이 검토할 필요가 있다.

03

라멘 한 그릇에 드는 돈은 얼마일까
드래곤라멘을 예로 생각해보다

여러분은 라멘을 만들어본 적이 있는가? 나는 라멘 가게를 열기 전까지는 라멘 요리를 해본 적이 없었다. 조금 걱정이 되기도 했지만 직접 해보니 놀랍게도 먹을 만한 맛을 낼 수 있었다. 요리 방법을 배우기 위해 발품을 팔 필요도 없었다. 조금만 시간을 들여 인터넷을 검색하면 다양한 레시피를 얻을 수 있었다.

유명한 요리 만화《맛의 달인》을 보면 카레를 먹은 우미하라 유잔이 "카레가 무엇입니까?"라고 묻자 주인이 말문을 닫는 장면이 나온다. 누군가가 내게 "라멘이 무엇입니까?"라고 물으면 나 역시 쉽게 답하지 못할 것 같다. "국물에 면이 들어가 있는 요리입니다"라고 대답하면 될까? 하지만 국물이 없는 라멘도 있고, 심지어 면이 없는 라멘도 있다. 그러니까 라멘을 만든 사람이 "이건 라멘입니다"라고 주장하면 그건 라멘이다.

라멘을 만드는 데 필요한 원재료

라멘은 엄격하게 정해진 방식 없이 비교적 자유롭게 만들 수 있다는 점이 상당히 매력적이다. 지금부터는 드래곤라멘을 예로 들어 생각해 보도록 하자. 어떻게 하면 가게에서 라멘을 만들 수 있을까?

각종 재료를 준비하고 국물을 끓이고 면을 삶는 과정이 떠오를 것이다. 먼저 멸치, 고등어포, 닭다리 등을 끓여 육수를 만든다. 토핑으로 삼겹살, 닭가슴살, 달걀, 김 등을 준비한다. 간장 양념에는 라드유, 닭기름, 생선가루 등이 들어간다. 이제 면만 있으면 된다.

"자! 이제 라멘을 만들어보자."

잠깐! 재료가 모두 준비되었다 해도 라멘을 만들 수 없다. 도구가 있어야 한다. 라멘 가게에는 국물을 끓일 때 쓰는 들통이 필요하다. 드래곤라멘은 매일 세 가지 맛의 육수를 만들었다. 각각 20리터 정도를 한꺼번에 만들었는데, 들통도 크기에 따라 가격이 다르다. 싼 것은 몇만 원이지만 비싼 것은 수십만 원이나 한다.

자, 들통이 준비되면 라멘을 만들 수 있을까? 그렇지 않다. 아직도 부족한 게 있다. 불 사용이 가능한 가스레인지와 재료를 식힌 뒤 보관할 냉장고도 필요하다. 국자, 젓가락 등의 도구와 식기도 필요하다. 토핑을 만들기 위한 저온 조리기와 국물을 가공하기 위한 믹서도 있어야 한다.

가게를 빌렸다면 임대료 발생

지금까지 말한 것을 모두 준비했다 해도 아직 가게 문을 열기에는 부족하다. 가장 중요한 가게가 있어야 한다. 드래곤라멘은 공공시설 일부를 빌려 보증금이 들지 않았다. 하지만 일반적으로는 가게를 임대할 때 보증금으로 몇 달 치 월세를 미리 내야 한다. 보건소에서 영업 신고도 해야 하는데, 이때에도 비용이 발생한다.

지역에 따라서는 주차장을 별도로 마련해야 한다. 하치노헤시는 차량 이동이 기본인 지역이기 때문에 주차장이 없는 가게에는 손님이 오지 않는다. 그래서 드래곤라멘은 고객용 주차장과 직원용 주차장을 마련했다.

또한 돈을 주고받을 수 있도록 계산대와 키오스크도 준비해야 한다. 음식물 쓰레기를 가정 쓰레기로 배출하는 것은 금지이므로 수거 업체에 돈을 지급하고 위탁 계약을 맺어야 하고, 화재에 대비한 화재 보험과 식중독 사고를 대비한 배상 책임 보험을 필수적으로 가입해야 한다. 보험을 중요하게 생각하지 않아 가입해두지 않으면 혹시라도 일이 발생했을 때 인생에 큰 타격을 입을 수도 있다.

1인 음식점이 아니라면 인건비 발생

자, 이제 필요한 건 다 갖추었을까? 아직 부족하다. 서빙, 조리, 정리 등을 혼자서 다 할 수 있는 규모라면 상관없지만 좌석이 30개 이상인 가게는 어떨까? 혼자의 힘으로 가게를 운영하기란 불가능에 가깝다. 이럴 때는 직원을 고용해야 한다. 직원을 고용하면 급여뿐 아니라 보험료도 지급해야 한다. 드래곤라멘은 3명의 직원을 고용했으며, 근로 시간 관리를 위해 유료 프로그램을 사용했다.

가게에서 라멘 한 그릇을 판매하려면 지금까지 말한 모든 것을 갖추어야 한다. 재료만 있다고 해서 가게 문을 열 수 있는 것이 아니다. 개점 후에 비용을 모두 회수하지 못하면 돈이 바닥나 가게를 오래도록 유지할 수 없다.

비단 라멘 가게뿐 아니라 어떤 사업이든 시작할 때는 제대로 계획을 세우고 실행해야 한다. 회계 지식은 이 모든 것을 하는 데 반드시 필요하다.

04
회계가 다 무슨 소용이야?
주먹구구식 계산의 위험

1979년 일본 아오모리현 하치노헤시에서 태어나고 자란 나는 1998년 4월에 상경해 대학에 들어갔다. 그 당시에는 스마트폰이 없었기에 TV와 잡지에서 대부분의 정보를 얻었다.

모르는 사이에 도착한 고액 청구서

나는 고등학교를 졸업할 때까지 고향을 벗어난 적이 단 두 번뿐이었다. 신주쿠의 스튜디오 알타를 난생처음 보고 흥분해 근처 공중전화로 달려가 친구에게 전화를 걸었던 기억이 지금도 생생하다. 그런 시골

촌놈에게 혜성처럼 나타난 것이 있었으니! 바로 인터넷이었다.

고향 집에는 컴퓨터가 없었다. 대학 수업에서 처음 접한 인터넷은 정보를 얼마든지 얻을 수 있는 마법의 도구였다. 인터넷에 푹 빠진 나는 집에서도 마음껏 사용하고 싶어 결국 컴퓨터를 구입했다. 그 당시에는 인터넷을 사용하면 전화 요금으로 사용 요금이 청구되었다. 비용이 신경 쓰이긴 했지만 나는 컴퓨터로 동영상을 보고, 또 보았다.

그리고 한 달 뒤 전화 요금으로 50만 원이 청구되었다. 가난한 학생이었던 내게 50만 원은 상당히 큰돈이었다. 그 돈을 내기 위해 삼시 세끼 토핑 하나 없는 카레를 먹으며 학교에도 가지 않고 일용직 아르바이트를 해야만 했다.

주먹구구식 계산이 나쁜 이유

그 시절의 나는 무엇이 문제였을까? 사용하면 돈이 드는 도구를 아무 생각 없이 계속해서 사용했다는 것이다. 이러한 일은 사업을 할 때도 종종 일어난다.

'주먹구구'라는 말을 들어보았을 것이다. 이 말이 등장한 여러 가지 설이 있는데, 그중 하나는 장인이 앞치마에 넣은 사발에 손님에게 받은 돈을 넣고 거기에서 필요한 돈을 꺼내 썼다는 데서 생긴 말이라고 한다. 이는 설렁설렁 돈을 관리했다는 뜻이다.

흔한 패턴은 재고 관리를 하지 않는 것이다. 예를 들어 공장 등의 제조업이라면 매입한 재료와 남아 있는 재료를 비교하여 사용한 양을 조사하지 않으면 물건을 만드는 데 얼마나 들어갔는지 제대로 파악할 수 없다.

술집 등의 판매업이라면 매입한 상품과 재고를 비교하여 없어진 양이 판매한 양과 일치하는지 정기적으로 확인해야 한다. 판매량과 줄어든 재고 수량이 맞지 않으면 절도 등 좋지 않은 이유로 상품이 없어진 셈이다.

또한 매일 수지를 기록하지 않으면 왜 돈이 늘었는지, 혹은 줄었는지 파악할 수 없다. 일주일간 먹은 음식을 정확하게 기억하는 사람은 흔치 않다. 마찬가지로 언제 어떻게 돈을 썼는지 정확하게 기억하는 것은 불가능에 가깝다.

회계는 번거롭다고?

세상의 장사꾼들은 입출금 기록 때문에 골머리를 앓았다. 그 대책으로 만들어진 것이 '복식 부기'다. 간단히 말하면 복식 부기는 입출금 등 모든 거래 내용을 기록하고 나중에 확인할 수 있도록 정리한 기법이다.

이는 인류의 발명 중 하나로, 14~15세기경 당시 세계 무역의 중심지였던 이탈리아에서 시작하여 현대에 이르기까지 형태가 크게 바뀌지 않고 사용되고 있다. 복식 부기를 비롯해 장사와 관련된 거래를 기록하는 것 등을 총칭하여 '회계'라고 한다.

회계에는 여러 가지 종류가 있는데, 어렵게 생각할 필요는 없다. '회계를 공부하면 사업에 도움이 된다' 정도만 이해해도 충분하다.

왠지 번거로울 것 같다고 생각할 수도 있다. 아무래도 법률과 세금에 관한 내용은 일단 용어부터 어렵다. 재무상태표, 선입선출법, 이동평균법 등. 나도 예전에는 이런 단어를 보면 머릿속이 하얘졌다.

하지만 걱정하지 말자. 개인과 소규모 기업에 관한 회계는 매우 간단하다. 구체적으로 말하면, 덧셈, 뺄셈, 곱셈, 나눗셈밖에 사용하지 않는다. 기본적인 내용은 하루에도 숙지할 수 있고, 그걸로 충분히 실무에 적용할 수 있다. 그리고 회계의 개념을 익히면 주먹구구식 스타일에서 벗어날 수 있다.

회계를 이용하지 않는 사업의 무서움

그럼 회계가 사업에 어떻게 도움이 되는지 구체적인 예를 들어 생각해보자.

'관리 업무는 시간 낭비다. 그런 것보다는 이상적인 맛에 집중하겠다.'

자, 여기 이런 소신을 가지고 '주먹구구라멘'을 운영하고 있는 S씨가 있다. 그는 점심시간부터 심야까지 영업을 한다. 신메뉴로 내놓은, 굴로 낸 육수에 큼직한 돼지고기를 얹은 '차슈굴라멘'이 호평을 받고 있다. 매일매일 손님이 몰려 영수증을 정리할 시간조차 없다. 당연히 매출 관리도 제대로 이루어지지 않고 있다. 상황이 이렇다 보니 판매 기록과 계산대에 있는 현금이 딱 맞게 떨어지지 않는 경우가 종종 있다. 가끔은 계산대에서 돈을 세어보지도 않고 대충 꺼내 개인적으로 사용하기도 한다.

사실 이런 가게가 꽤 많다. 주먹구구라멘의 경우, '돈벌이'는 얼마를 가리킬까? 이런 식으로 관리하면 올바른 이익을 산출할 수 없다. 시간이 지나면 영수증이 없어지거나 계산대에서 꺼내 쓴 현금이 얼마인지 잊어버릴 것이다. 전월과 현재 잔액을 비교해 벌었는지, 혹은 까먹었는지 판단할 수밖에 없다. S씨는 가게는 늘 손님들로 북적이는데 손에 쥐어지는 돈은 그다지 늘지 않아 고민에 빠졌다.

자세히 살펴보니 신메뉴의 원가율이 높아 경영을 압박하고 있었다. 게다가 S씨가 쉬는 동안 매장 운영을 맡겼던 직원이 계산대에서 돈을 조금씩 빼내고 있었다. 무서운 이야기라고? 사실 음식점에서 흔히 발생하는 일이다.

회계를 '제대로' 하면 생기는 이점

자, 그럼 한 가게의 예시를 더 살펴보자. '회계와 자금 관리를 확실하게 해야 가게를 오래 운영할 수 있다'라는 소신을 가진 A씨는 '확실히라멘'을 운영하고 있다. 이 가게에서 위와 같은 일이 일어나면 어떻게 될까? A씨는 신메뉴의 재료인 굴과 고기를 구매할 때마다 회계 프로그램에 내용을 입력한다. 매출도 매일 꼼꼼하게 기록하기 때문에 계산대의 현금이 맞지 않는 날이 없다.

요즘에는 프로그램을 이용해 회계를 관리하므로 매일 기록하면 데이터로 수치를 확인할 수 있다. 매입 데이터를 살펴본 A씨는 굴과 고기가 예상보다 비싸다는 사실을 깨달았다. 원가율을 따져보니 40%가 넘어 경영을 압박하고 있었다.

라멘 가게는 수도 요금과 가스 요금, 점포 임대료 등의 비중이 높기 때문에 원가율을 30% 정도로 억제하는 것이 바람직하다고 알려져 있다. A씨는 즉시 토핑인 돼지고기를 약간 줄이고 굴의 등급을 떨어뜨려 원가율을 낮추는 대책을 실행했다. 손님의 만족도가 조금 떨어지더라도 안정적으로 가게를 운영하려면 어쩔 수 없는 선택이었다. 그 결과, 이번 달에도 예상한 대로 이익을 확보할 수 있었다.

회계를 이용하면 문제의 원인을 파악할 수 있다

두 가게의 가장 큰 차이점은 '문제를 해결하는 데 걸리는 시간'이었다. 주먹구구라멘을 운영하는 S씨는 왜 돈이 남지 않는 건지 그 이유를 알지 못했다. 이 점을 고민하는 것부터 시작해야 한다. 원인을 알아내지 못하면 상황은 계속해서 악화된다. 기존 메뉴를 재검토하는 등 잘못된 대책을 실행할 수도 있다.

하지만 확실히라멘을 운영하는 A씨는 매출과 경비에 관한 데이터를 매일 볼 수 있어 문제가 일어나면 즉시 알아차릴 수 있다. 원인도 확실하게 파악할 수 있어 대책을 훨씬 쉽게 세울 수 있다.

  이것이 바로 '회계'의 힘이다. 이 책을 읽고 회계에 관한 기초 지식을 익혀 꼭 활용하기 바란다.

05

돈을 벌기 위한 간단한 규칙
비슷한 라멘 가게가 줄줄이 생기는 이유

아직 '돈벌이가 쉬운 사업이 있을까?'라는 물음에 답을 하지 않았다. 회계의 중요성을 알기 바라는 마음에서 일부러 그랬다.

결론부터 말하면, 돈을 벌기 쉬운 사업이라고 일률적으로 말할 수 있는 사업은 존재하지 않는다. 시기와 장소, 그 사람의 자질에 의해 좌우되는 부분이 크기 때문이다.

물론 시대의 흐름을 타고 성공하기 쉬운 사업과 실패하기 쉬운 사업은 있다. 그것을 제대로 찾는 데는 운도 크게 작용한다. 지난 20년간 시장에 나온 혁신적인 제품 중 스마트폰은 대유행을 했지만, 1인용 스쿠터 세그웨이는 단종되고 말았다.

모든 산업은 변화한다

기술 혁신이 진행되거나 상황이 바뀌면 산업 자체가 크게 침체할 수도 있다. 예를 들어보도록 하겠다. 20세기 초에는 대부분의 남자가 정장을 즐겨 입었다. 그래서 재단사로 창업하는 사람이 속속 나타났다. 장인이 개개인의 체형에 맞는 정장을 한 벌 한 벌 정성을 다해 만들었다.

그런데 제2차 세계대전이 끝나고 고도 경제성장기에 접어들자 상황이 확 달라졌다. 모든 산업이 기계화되고, 매뉴얼에 의한 대량 생산이 가능해져 기성품 정장이 쏟아져 나왔다. 개인 가게는 가격 면에서 상대가 되지 않았고, 시간이 흐를수록 문을 닫는 가게가 늘어났다.

이윽고 정장은 기성품이 당연한 것이 되었고, 맞춤형은 애호가를 위한 고급품이 되었다. 지금은 재단사로서 독립하는 것은 일반적이라고 할 수 없는 선택지가 되었다.

'사' 자가 붙은 업을 하고 있는 내게도 새로운 물결이 닥치고 있다. 'AI로 대체될 일'이라는 제목의 기사를 보면 대개 '세무 신고'가 포함되어 있다. 내 본업 중 하나인 세무사라는 직종이 사라지면 솔직히 매우 곤란하다. 예상이 100% 맞는 것은 아니지만, 그러한 미래가 도래할 가능성은 충분히 있다.

시대가 변하면 인간의 취향과 주위 환경 역시 차례차례 바뀐다. 지난 20년간의 라멘 요리만 봐도 유행이 여러 차례 변했다. 진한 농도의 육수에 찍어 먹는 츠케멘이 많은 사랑을 받은 적도 있고, 닭을 푹 고아 만든 도리파이탄 라멘이 인기를 끈 적도 있다. 몇 시간이나 줄을 서야만 먹을 수 있었던 가게가 문을 닫기도 하고, 파리만 날렸던 가게가 입소문이 나 사람들로 북적거리기도 한다. 대만의 타피오카펄 음료가 폭발적으로 유행했다가 순식간에 사라진 것을 생생하게 기억하고 있는 사람이 많을 것이다.

일찍이 다윈은 "강한 자가 살아남는 것이 아니라 변화할 수 있는 자가 살아남는다"라고 주창했다. 이는 비즈니스에도 똑같이 적용된다. 돈을 벌고 싶다면 환경 변화에 민첩하게 대응해야 한다.

변화를 위해 필요한 것

순조롭게 이익을 내던 사업이 어느 날 갑자기 휘청거리기도 한다. 이러한 일은 어느 분야에서나 일어나며, 음식점은 그러한 일이 더욱 잦다.

'블루오션'과 '레드오션'이라는 말을 들어보았을 것이다. 블루오션은 경쟁자가 없는 지역으로, 말 그대로 화창하고 잔잔한 푸른 바다와 같은 시장이다. 반면 레드오션은 치열한 경쟁 상태에 있는 지역으로, '피로 피를 씻는 듯한 시뻘건 바다'와 같은 시장이다. 최근 인기를 끌고 있는, 양으로 승부하는 지로계 라멘을 예로 생각해보자.

도호쿠 지방에 사는 28세 오모리 씨는 도쿄 출장 때 지로계 라멘을 먹은 뒤 크게 감탄했다. 그런데 안타깝게도 집 근처에 비슷한 가게가 없어 출장 때만 먹을 수 있었다. '내가 먹고 싶을 때 먹을 수는 없을까?' 고민하던 오모리 씨는 인터넷에서 지로계 라멘 레시피를 발견했다. 그는 직접 만들어 먹기로 결심하고 인터넷으로 제면소의 면을 구매한 뒤 시제품을 만들었다. 시간이 흐를수록 맛의 수준이 점점 올라갔고, 3개월쯤 뒤에는 스스로가 감탄할 정도로 맛있는 지로계 라멘을 만들 수 있게 되었다.

오모리 씨는 맛있는 라멘을 주변 사람들에게 소개하고 싶은 마음에 회사를 그만두고 '오모리의오모리'라는 이름의 라멘 가게를 내기로 결심했다. 대학생을 겨냥해 대학 근처에 가게를 열었고, 인근에 유사한 가게가 없어 대성공을 거두었다. 소문은 금세 퍼져 가게 앞은 연일 사람들로 북적였다.

오모리 씨는 9천 원짜리 라멘을 매일 200그릇씩 팔았다. 하루 매출은 180만 원, 월 매출은 4,500만 원이었다. 원가율은 약 40%였다. 인건비와 임대료를 제해도 한 달에 1,200만 원이 수중에 남았다.

오모리 씨의 가게를 멀리서 바라보는 사람이 있었다. 예전부터 가게를 차리고 싶은 마음을 가지고 있었던 30세 메가모리 씨였다. '오모리의오모리'의 번창을 지켜본 메가모리 씨는 약 3개월 뒤 회사를 그만두고 조금 떨어진 지역에 오모리 씨의 가게와 닮은꼴인 '메가모리의메가모리'를 출점했다.

그는 고급 돼지고기로 차슈를 만들어 육질의 수준을 높였다. 그의 가게도 점점 입소문이 났고, 하루에 130그릇을 파는 인기 가게가 되었다. 월 매출은 약 3천만 원이었고, 이익은 약 300만 원이었다. 오모리 씨의 가게는 새로운 가게가 문을 연 여파로 이익이 다소 줄어들었다.

그로부터 3개월 뒤 일본식 주점을 경영하는 32세 바쿠모리 씨는 우

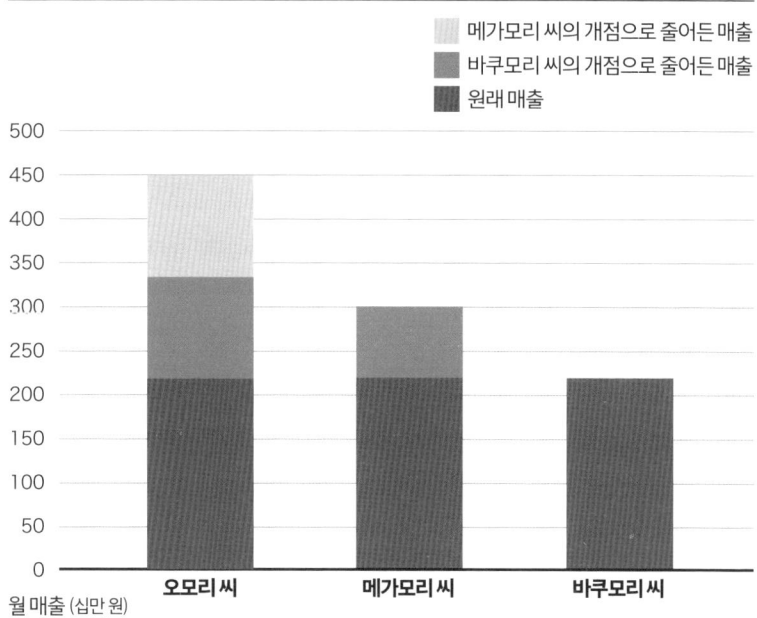

연히 메가모리 씨의 가게를 방문했다. 라멘 가게 경영에 관심이 있지는 않았지만 가게 앞에 길게 늘어선 줄을 보고 욕심이 생겼다. 바쿠모리 씨는 즉시 주점 직원에게 라멘을 만들라고 지시했고, 비슷한 맛을 내는 데 성공했다.

그리고 2개월 뒤, 바쿠모리 씨는 두 사람의 가게에서 조금 떨어진 곳에 '바쿠모리의바쿠모리'를 열었다. 제면기를 구매해 두 가게와 다르게 자가제면을 제공한 점이 호평을 받았다. 얼마 되지 않아 하루에 100그릇을 팔 수 있게 되었고, 약 2,200만 원의 월 매출을 올렸다. 이익은 약 250만 원이었다. 반면 오모리 씨와 메가모리 씨의 가게는 줄을 서는 사람이 점점 줄어들었다.

그로부터 2년 뒤, 오모리 씨의 가게는 손님이 완전히 끊겼고, 결국 문을 닫게 되었다.

음식점은 금방 모방당한다!

이 사례에서는 블루오션이었던 지로계 라멘이 순식간에 레드오션으로 변했다. 왜 이렇게 된 것일까?

이유는 하나다. 음식점은 열기 쉽기 때문이다.

① 식품위생 책임자를 정한다.
② 음식점 영업 신고를 한다.

소규모 음식점은 이 두 가지 과정만 거치면 되므로 금방 열 수 있다. 요리 솜씨는 별도로 생각하고, 준비 기간은 한 달이면 충분하다. 가게가 번창하고 있음을 알게 해주는 줄이 끊길 때까지 비슷한 가게들이 연달아 문을 연다. 독특한 국가의 전통 요리와 같이 쉽게 따라 할 수 없는 분야가 아니고서는 충분히 유사한 일이 발생할 수 있다.

참고로 드래곤라멘이 문을 연 뒤 근처에 2개의 라멘 가게가 생겼다. 물론 이 가게들은 드래곤라멘의 성공을 보고 시장에 뛰어든 것이 아니라 어쩌다 개점 시기가 겹친 것이다. 돈이 잘 벌릴 것 같은 업계는 많은 시장 참여자를 끌어들이기 때문이다.

후발주자는 선발주자를 제치기 위해 열심히 연구한 뒤 시장에 뛰어든다. 또 후발주자는 자본이 있는 경우가 많으므로 설비와 직원 등 다양한 측면에서 유리하다. 치열한 경쟁에 노출되는 업계에서 승리하려면 강한 브랜드 가치를 확립하고 후발주자가 따라 할 수 없는 높은 수준을 유지하는 등 유리한 상태를 지켜야 한다.

그러려면 꾸준히 데이터를 분석하여 각종 상황에 신속하게 대처해야 한다. 매출 감소, 원가 상승 등 불리한 상황을 수치화하여 계속해서 확인하고 적절히 대응해야만 시장에서 살아남을 수 있다. 그 데이터를 얻기 위한 과정이 일상적으로 사용하는 회계가 되는 셈이다.

06

회계, 어려운 지식은 필요하지 않다
초등 수학만 알면 충분하다

나의 부모님은 대학교 수학과에서 처음 만났다고 한다. 아버지는 중학교 수학 선생님이었고, 어머니는 수학 학원을 운영했다. 우리 집 거실 책장에는 어려워 보이는 수학 이론서가 꽤 많은 공간을 차지했다.

그런 환경에서 자란 나는 당연히 수학을 좋아……하지 않았다. 부모님과 사이가 좋았고, 딱히 반항적인 사춘기를 보내지도 않았지만 공부를 열심히 하지는 않았다. 특히나 수학은 내가 가장 멀리한 과목이었다.

고등학교에 입학한 뒤에는 공부를 더욱 멀리했다. 내가 다닌 학교의 일부 남학생은 아무리 추워도 외투를 입지 않았고, '숙제를 하면 바보'라고 말하며 우스꽝스러운 겉멋에 취해 있었다. 나 역시 그중 한 명이었다. 그렇게 시간이 흘렀고, 정신을 차리고 보니 수학 수업을 도저히 따라갈 수 없는 지경에 이르러 있었다. 100점 만점인 시험에서 6점을 받은 적도 있다.

막판에 마음을 다잡고 공부해 다행히 대학에는 들어갔지만 격투기와 마작에 빠졌고, 그렇게 시간을 허비하다 겨우 졸업을 했다. 지금은 '그때 더 열심히 공부할 걸' 하고 엄청나게 후회하고 있다.

수학 지식은 필요하지 않다

예전의 나처럼 '수학'이라는 단어만 들어도 불편한 마음이 드는 사람이 많을 것이다. 방정식, 1차 함수는 중학교 때 배우니 그렇다 쳐도, 벡터, 사인, 코사인, 탄젠트와 같은 용어를 들으면 식은땀이 나고 가슴이 두근거리지 않는가?

하지만 걱정하지 말자. 회계를 공부할 때는 그런 지식이 전혀 필요하지 않다. 사칙연산만 알면 된다. 즉, 초등학교 수준의 수학 지식이면 충분하다.

낯선 용어 때문에 회계는 어려울 것이라고 지레 겁을 먹는 사람이 많다. 물론 깊이 들어가면 어렵지만 소규모 사업이나 일상생활에서 사용하는 정도는 매우 간단하다. '돈을 어떻게 썼는지 기록하고 기록한 데이터를 분석하는 수단' 정도로 이해하면 된다.

두 종류의 회계

조금 어려운 이야기를 하도록 하겠다. 회계는 두 가지 종류, 즉 재무회계와 관리회계가 있다.

우선 재무회계는 외부 이해관계자(채권자나 세무서 등)에게 재무 상황을 보고하기 위한 회계다. 관리회계는 기업 내부에서 분석한 데이터로 의사결정이나 실적 평가에 도움을 주는 것을 목적으로 한 회계다. 이 책에서는 주로 관리회계를 다룬다.

재무회계는 세금 계산 등에 사용하기 때문에 일률적으로 규칙이 정해져 있는 반면, 관리회계는 내부적으로만 사용하는 것이 전제이며 경영을 돕는 것을 목적으로 한다. 따라서 기본적인 방식 외에는 각 기업에 맞게 어느 정도 변형해도 문제가 없다.

관리회계의 기본적인 개념이 무엇인지 라멘 가게를 예로 생각해보자. 원가율과 손해를 보지 않는 매출에 대해 분석해보도록 하겠다.

월 매출	1천만 원(고객 1,000명 × 인당 1만 원)
매입액	300만 원
인건비	150만 원
월세·각종 공과금	200만 원
수중에 남는 돈	350만 원

한 달 영업일수는 25일이며, 총 1천만 원의 매출을 올렸다. 고객은 총 1,000명, 객단가는 1만 원이라고 가정하자. 월 총매입액은 300만 원이었다. 인건비는 150만 원, 월세와 각종 공과금은 200만 원으로, 350만 원이 수중에 남았다.

음식점을 안정적으로 운영하려면 식재료의 원가를 30% 정도로 통제해야 한다. 원가율을 산출하는 식은 다음과 같다.

원가율 = 사용한 식재료 매입액 ÷ 매출

이것이 전부다. 간단하지 않은가? 이 가게의 경우, '300만 원÷1천만 원'으로 계산할 수 있으며, 원가율은 기준에 맞게 30%다.

고정비와 변동비

관리회계는 비용을 매출에 따라 증감하는 변동비와 매출과 상관없이 지급해야 하는 고정비로 분류하는 것이 중요하다. 라멘 가게의 경우, 면과 고기 등의 원재료비가 대표적인 변동비이고, 월세와 인건비는 고정비에 해당한다.

영업시간 중에 라멘이 다 팔려 추가로 만들었을 경우를 생각해보자. 실제로는 국물이 부족해 가게 문을 닫아야 하겠지만 편의상 국물을 금방 만들 수 있다고 가정하겠다.

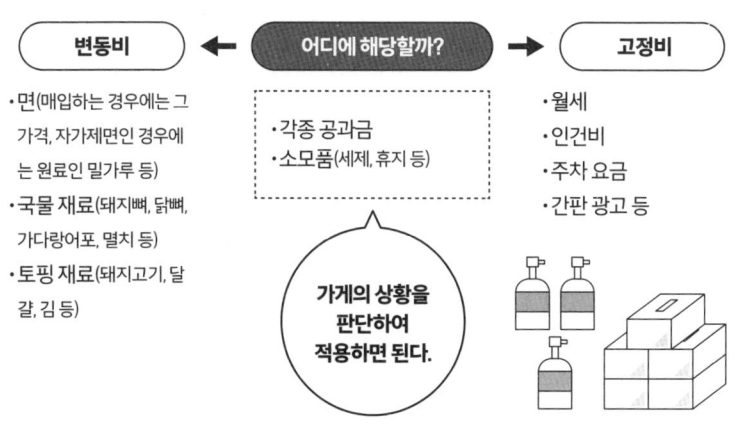

국물을 만들려면 돼지뼈나 닭뼈가 필요하므로 재료비가 든다. 면과 토핑도 준비해야 한다. 이것들은 대표적인 변동비에 속한다. 반면, 추가로 라멘을 아무리 많이 끓여도 임대료가 늘어나진 않는다. 건물 주인이 "이번 달은 라멘을 많이 만들었으니 임대료를 두 배로 내"라고 말한다면 그 건물에서 장사하려고 하는 사람은 없을 것이다.

또 근로 시간이 바뀌지 않으면 급여도 바뀌지 않는다. 이것들은 고정비에 속한다.

일단은 큰 틀에서 이해할 수 있도록 간단하게 설명하도록 하겠다. 자세한 설명은 뒤를 참고하기 바란다.

공헌이익과 손익분기점

매출에서 변동비를 뺀 것을 '공헌이익'이라고 한다. 변동비는 매출과 비례하여 증가하므로 말 그대로 돈을 버는 데 공헌하는 이익이다. 매출이 증가할수록 사용 재료가 늘어나니 변동비도 증가한다. 하지만 월세와 같은 고정비는 변하지 않는다.

매출이 증가하면 공헌이익도 증가한다. 앞서 라멘의 원가율은 30%라고 이야기했다. 메뉴가 하나라면 라멘 한 그릇이 팔릴 때마다 늘어나는 공헌이익은 7천 원이다.

각종 공과금은 엄밀히 말하면 라멘을 만들 때마다 증가하지만 원재료비에 비례해 변하진 않으므로 고정비로 분류하자. 그러면 고정비는 한 달에 350만 원이다.

앞서 이야기했든 '벌이'는 최종적으로 수중에 돈이 남는 것을 말한다. 어떻게 하면 돈이 남을까? 간단히 설명하기 위해 부채와 생활비는 0원으로 가정하도록 하겠다.

고정비는 설사 매출이 0원이어도 내야 한다. 뒤집어 말하면 공헌이익으로 고정비를 충당하면 돈이 남는다. 공헌이익과 고정비가 일치해 이익도, 손해도 나지 않는 포인트를 '손익분기점'이라고 한다. 예로 든 라멘 가게의 고정비는 한 달에 350만 원, 공헌이익은 한 그릇에 7천 원이었다. 고정비를 충당하기 위해 몇 그릇의 라멘을 팔아야 하는지는 '고정비÷공헌이익'으로 계산할 수 있다. 이 경우 350만 원을 7천 원으로 나누면 500그릇이다.

공헌이익과 손익분기점, 손익분기점 매출액

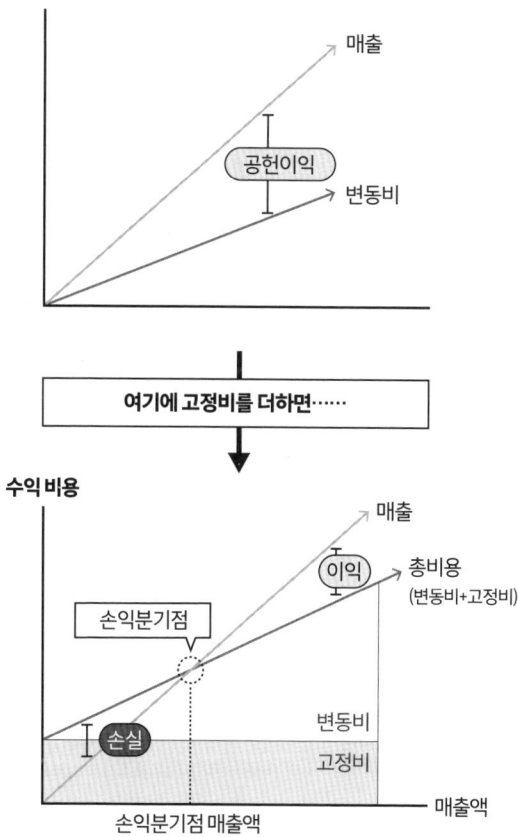

 이 가게에서는 한 달에 500그릇을 팔면 돈이 늘지도, 줄지도 않는다. 이를 식으로 나타내면 다음과 같다.

350만 원 ÷ 7천 원 = 500그릇

이때의 매출은 한 달에 500만 원(1만 원×500그릇)이다. 이를 '손익분기점 매출액'이라고 한다. '손해도, 이익도 나지 않는 매출'이라고 이해하면 된다.

다음으로 이것을 영업일수로 나누면 일일 손익분기점 매출액을 산출할 수 있다. 영업일수가 25일이라면 '500만 원÷25일'이므로 하루 20만 원이다. 객단가는 1만 원이니 매일 20명이 가게를 방문해야 한다.

최소한 이만큼 매출을 올리면 손해는 보지 않는다는 말이다. 어떤가? 매우 쉽지 않은가? 기본적으로 이 정도만 알아도 충분하다.

07
계획은 늘 필요하다
때로는 무계획도 즐겁지만……

 나는 마음 내키는 대로 하는 것을 좋아하는 편이다. 나는 사와키 고타로의 《심야 특급》이라는 책을 읽고 스물네 살 때 인도 여행을 계획했다. 준비물은 갈아입을 옷과 왕복 비행기표, 가이드북이 전부였다. 그것들을 배낭에 챙겨 넣은 뒤 뉴델리로 떠났다.
 당시에는 스마트폰이 없었기에 믿을 만한 것이라고는 가이드북뿐이었다. 공항 출구로 나가니 엄청나게 많은 인도인이 울타리 너머에서 소리를 질렀다. 입장 제한이 있어 안으로 들어오지는 못하고 자신의 차를 타라고 고함을 치는 것이었다. 가이드북에는 '악질 여행사에 끌려갈 수도 있으니 승인받은 택시 외에는 절대 타지 말 것'이라고 적혀 있었다. 같은 비행기를 타고 온 일본인 중 몇 명은 그들의 박력에 무릎을 끊고 악질 여행사로 끌려가고 말았다.

그 후 한 달 정도 마음 가는 대로 인도와 네팔을 돌아다녔다. 마약 중독자의 유혹을 받기도 하고, 무시무시한 절벽을 달리는 버스를 타기도 하고, 산속에서 반군을 만나기도 했다. 지금 생각해보면 소름 돋는 오싹한 일을 많이 겪었다. 하지만 아무것도 결정하지 않고 행동하는 것이 무척이나 즐거웠다.

그로부터 약 20년이 흘렀다. 지금의 나도 무계획을 좋아한다. 하지만 '무계획은 즐거우니 경영도 무계획으로 해봐야지'라는 생각으로 사업을 시작하면 열에 아홉은 쫄딱 망할 것이다.

'숫자는 경영의 나침반이다'라는 말이 있다. 나침반은 방위를 알기 위한 장치로, 대항해 시대부터 사용되었다. 행선지를 모르고 배를 몰면 어디에 도착할지 모른다. 무계획적으로 경영하는 것은 그와 크게 다르지 않다.

무계획은 폐업으로 가는 지름길

무작정 신메뉴를 만든 경우를 생각해보자. B씨는 닭고기와 참다랑어를 듬뿍 사용해 국물을 내고 닭가슴살로 만든 큼직한 고기를 토핑으로 올린 참치닭고기라멘을 만들었다. 진한 닭육수에 참치의 풍미가 고급스럽고 복합적인 맛을 낼 대박이 날 것 같은 예감이 들었다.

고급 식재료를 많이 사용하면 일반적인 라멘과 같은 가격으로는 수지가 맞지 않는다. B씨는 '가격을 두 배로 하면 될 거야'라고 생각한 뒤 1만 5천 원에 신메뉴를 내놓았다. 가격이 비싼 편이었지만 출시 첫날부터 이목을 집중시키며 많은 사람을 끌어모았다.

그런데 한 달 뒤에 확인해보니 B씨의 예금 잔액이 눈에 띄게 줄어 있었다. B씨는 그렇게 많은 사람이 가게에 찾아왔는데 왜 돈이 줄어든 건지 고민에 빠졌다.

어쩌다 이렇게 되었을까? 사실 닭고기는 브랜드에 따라 가격 차이가 크다. 토핑으로 1인분에 닭고기 100그램을 사용했다면 최상급이 아니더라도 4,500원 정도를 원가로 잡아야 한다. 이것만으로도 1만 5천 원인 판매가의 약 30%이므로 전체 원가율은 50%를 웃돈다.

원가율이 30% 이상인 라멘 가게는 힘들다

라멘 가게를 안정적으로 운영하려면 원가율을 30% 정도로 낮추는 것이 바람직하다. 줄이 항상 끊이지 않는 가게라면 원가율이 30%를 웃돌더라도 가게를 꾸려나갈 수 있긴 하다. 그러나 행렬이 늘어나면 일반적으로 인건비도 늘어난다. 원가율이 50%를 웃도는 상황에서 가게를 계속 운영하려면 상당한 수준의 경영 기술이 요구된다.

몇 년 전 일본에서는 '나의 프렌치' 등 '나의 ○○' 시리즈 음식점이 큰 화제를 모았다. 이 그룹의 가게는 높은 원가율을 전제로 한 메뉴 구성이 돋보였는데, '나의 프렌치'의 원가율은 60% 정도였다. 나도 지인들과 몇 차례 방문한 적이 있다. 다른 프렌치 레스토랑에서는 보기 힘든 줄과 좁은 좌석, 그리고 고급 식재료를 사용했지만 합리적인 가격의 메뉴가 상당히 인상적이었다.

그런데 이 구조를 모방해 인구가 적은 지방에 원가율이 60%인 레스토랑을 낸다면 어떻게 될까? 아마 얼마 못 가 문을 닫을 것이다. 이 모델은 손님이 줄을 서서 먹음으로써 유지할 수 있는 고회전율이 핵심이다. 회전율이 떨어지면 가게를 계속 운영할 수 없다.

원가율에 따라 남는 이익의 차이

앞서 예로 든 라멘 가게를 생각해보자(47쪽 표 참고). 고객 수는 한 달에 1,000명이었고, 객단가는 1만 원, 월 매출은 1천만 원, 인건비는 150만 원, 월세와 각종 공과금은 200만 원이었다. 이 경우 원가율이 30%라면 다음과 같이 계산할 수 있다.

1천만 원 - 1천만 원 × 0.3(원가율) - 150만 원 - 200만 원 = 350만 원

350만 원이 수중에 남았다.
원가율이 60%라면 수중에 남는 돈은 다음과 같다.

1천만 원 - 1천만 원 × 0.6(원가율) - 150만 원 - 200만 원 = 50만 원

매출에서 변동비(이 경우 원가)를 뺀 1인당 공헌이익은 원가율이 30%라면 7천 원이고, 원가율이 60%라면 4천 원이다. 고객 수가 월 1,000명이라면 월 이익의 차이는 300만 원이다. 즉, 같은 수준의 이익을 확보하려면 300만 원의 공헌이익이 더 늘어나면 된다. 그 경우 식은 다음과 같다.

300만 원 ÷ 4천 원 = 750명

따라서 1,000명에 750명을 더한 1,750명이 가게를 찾으면 350만 원의 이익을 확보할 수 있다.

1만 원 × 1,750명 = 1,750만 원

1,750만 원 - 1,750만 원 × 0.6(원가율) - 150만 원 - 200만 원 = 350만 원

목표 고객 수를 영업일 단위로 생각해보면……

여기서 하루 고객 수를 한 달에 25일 영업하는 경우로 생각해보자. 월 방문객 수가 1,000명이라면 하루 방문 손님은 40명(1,000÷25)이다.

만약 1,750명의 월 방문객을 원한다면 하루에 70명(1,750÷25)의 손님이 필요하다. 영업시간이 오전 11시부터 오후 2시까지 3시간뿐이라

원가율이 오르면 고객 수를 늘려야 한다

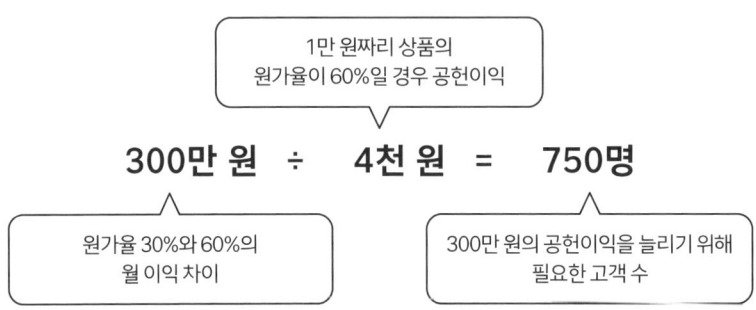

면 시간당 20명 이상의 손님이 방문해야 한다. 물론 점포의 규모와 영업시간에 따라 조건이 달라지겠지만 상당히 빡빡한 숫자라고 할 수 있다.

계속 줄을 서게 하는 것은 쉬운 일이 아니다

현재 하치노헤시의 인구는 약 22만 명으로, 반경 10킬로미터 이내에 위치한 주변 지방자치단체의 인구를 포함해도 30만 명에 불과하다. 이러한 규모의 지방 도시에서는 애초에 계속 줄을 서게 하기란 매우 어려운 일이다. 아무리 맛있고 가성비가 좋아도 같은 가게에 주 1회 이상 방문하는 사람은 극히 드물기 때문이다.

도쿄 근교에 살 때는 인기 있는 라멘 가게를 자주 방문했다. 내가 다니던 대학 근처에 '라멘지로'라는 라멘 가게가 있었는데, 학생들에게 인기가 매우 많았다. 언제 가도 줄이 끊이지 않아 30분에서 1시간은 기다려야만 했다. 수도권의 인기 라멘 가게는 줄을 서서 기다리는 것이 당연한 일이다.

평판이 좋은 가게는 맛의 수준이 높고, 가격도 저렴하고, 접근성도 좋다. 그래도 한정 메뉴 등을 제외하고는 줄을 서는 경우가 많지 않다. 수도권과 지방의 다른 점은 상권 인구뿐이다. 가게의 수준은 크게 차이 나지 않는다. 지방에는 회전율을 높여야 경영할 수 있는 고원가율 비즈니스 모델이 적합하지 않다. 실제로 '나의 ○○' 시리즈만 봐도 대부분의 가게가 도쿄 중심부에 위치해 있다.

누구에게 무엇을 얼마에 팔 것인지, 목표는 현실적인지 등 상세하게 계획을 세우고 시뮬레이션을 해야 단기 폐업이라는 큰 타격을 받지 않을 수 있다.

08

라멘 가게는 '시작'이 중요하다
승부는 개시 시점에 이미 정해진다

나는 어릴 적에 《근육맨》, 《북두의 권》과 같은 만화를 좋아했다. 따뜻하면서도 강한 남자를 막연히 꿈꾸던 차에 일본에 격투기 붐이 일었다. 스무 살의 나는 곧바로 근처 도장에 입문했다.

당시에는 종합격투기인 프라이드PRIDE가 대유행이었고, 브라질에서 온 '그레이시 주짓수'가 일본 강호 선수들과 격렬한 싸움을 벌였다. 그레이시 주짓수는 브라질에 이민을 간 일본인 유도가 마에다 미쓰요가 전수한 기술을 그레이시 가문이 중심이 되어 전승해온 것이다. 팔을 꺾는 관절 기술, 상대를 기절시키는 조르기 기술 등 대부분 누워서 하는 기술이다. 그레이시 주짓수 가문은 미국의 스포츠 엘리트와 일본의 프로레슬러를 차례로 제압했고, 세계를 열광시켰다.

도장에서는 누워서 하는 기술 연구가 유행했다. 그 당시에는 스마트폰도 없었고, 유튜브가 보급되지도 않았다. 동료들과 몇 안 되는 기술책과 비디오를 보면서 어쩌고저쩌고 떠들다가 서로 기술을 시도해보며 하루하루를 보냈다. 그때 선생님께서 인상적인 말씀을 하셨다.

"너희들은 고속도로를 달리는 것 같아서 참 부럽다."

선생님이 현역으로 활동했을 때는 책이나 비디오도 없어 기술을 하나하나 만들어가며 연습했다고 한다.

점점 빨라지고 있는 정보의 속도

그로부터 약 20년이 지났다. 지금은 어떨까? 유튜브에서 원하는 동영상 교재를 쉽게 찾을 수 있고, 인터넷에 접속하면 무엇이든 알아낼 수 있다. 세계 어디서나 소통할 수 있는 환경이 조성되어 돈만 내면 집에서 유명 선수의 레슨을 받을 수 있다. 정말 대단한 시대가 된 것이다. 20년 전이 고속도로와 같은 시대였다면, 지금은 제트기보다 더 빠른 시대다.

어떠한 경기에서 새로운 기술이 나오면 실시간으로 동영상을 확인할 수 있다. 어려운 기술도 반복해서 볼 수 있기 때문에 여러 차례 도전해보면 곧잘 따라 할 수 있다. 물론 정확한 방법을 파악하는 것은 아니기에 흉내를 내는 정도라 할 수 있지만, 사진 한 장 볼 수 없었던 시절과 비교하면 엄청난 발전이다.

옛날 격투 만화에서는 산에서 수행을 마친 뒤 곰과 싸우는 것이 정석이었다. 죽음을 각오한 수행 끝에 새로운 기술이 번뜩 떠올라 그 기술로 상대를 쓰러뜨린다. 하지만 요즘 세상에서는 산에 틀어박혀 오랜 기간 연구하다 경기에 임해도 신기술로 상대를 제압할 수 없다. 고도 정보화 사회에 혼자서 생각하는 것은 비행기를 거부하고 뚜벅뚜벅 걷는 것과 다를 바 없다.

'이 정도면 괜찮겠지?'라는 생각은 버려라

이는 비즈니스에서도 마찬가지다. 옛날과 비교하면 노하우와 이론이 곳곳에 넘쳐난다. '라멘 개업 포인트'라는 키워드로 검색하면 검색 결과가 끝도 없이 나온다. 서점에 깔려 있는 책도 한두 권이 아니다.

상황이 이러함에도 산에서 수행하듯 장사를 시작하는 사람들이 있다. 새로 문을 연 가게를 보고 '이 가게는 얼마 못 가 문을 닫겠는데?'라고 생각한 적이 없었는가? 인테리어가 거부감을 주어 선뜻 안으로 들어가기 힘들 때도 있고, 메뉴가 장소와 맞지 않는 등 원인은 다양하다. 그런데 그런 감은 높은 확률로 들어맞는다.

분명히 실패할 것 같은 장사를 왜 시작하는 걸까? 주변을 둘러보면 계획 단계부터 문제가 있어 이미 진 상태로 시작하는 경우가 꽤 많다. 계획은 세우기만 하면 되는 것이 아니다. 아무리 열심히 계획을 세워도 현실에 맞지 않으면 아무런 의미가 없다.

최근에는 거국적으로 창업자를 늘리는 흐름이 생겨 개업 지원책이 다양해졌다. 대출 문턱도 낮다. 사업 계획이 그럴싸하고 사업을 시작하려는 사람의 신용이 문제가 없으면 창업 대출을 쉽게 받을 수 있다. 반면 창업한 뒤 후속 조치 제도는 그다지 충실하지 않다.

창업을 한 뒤 곧바로 많은 고객을 끌어당기는 경우는 생각보다 많지 않다. 소규모 사업은 처음 1년 동안은 자금 유출이 계속되는 경우가 많다. 폐업의 원인은 적자 누적이 아니라 자금 소진이다. 돈이 없으면 재료를 구입할 수 없고, 장사를 계속할 수 없기 때문이다.

안이하게 개업하기 쉬운 라멘 가게

라멘 가게를 다시 생각해보자. '주먹구구라멘'을 경영하고 있는 S씨의 친척 K씨는 신규 개점을 위해 5천만 원을 모았다. 그리고 은행에서 1억 원을 빌렸다. 의욕이 하늘을 찌르고, 또 찌르는 상태였다. K씨는 '그 어느 가게에도 밀리지 않는 가게를 만들고 싶다'라는 생각으로 아오모리현 해안에 있는 국수 가게를 빌려 인테리어에 엄청나게 공을 들였다. 인테리어에 들어간 비용은 1억 원이었고, 주방 설비, 식기 구입 등을 마쳤더니 1천만 원밖에 남지 않았다.

K씨는 지역 특산닭과 성게를 듬뿍 사용한 '성게 특산닭 라멘'을 대표 메뉴로 선정했다. 고급 식재료를 사용했기에 가격은 한 그릇에 1만 5천 원으로 정했다. 라멘을 맛본 사람들은 최고의 맛이라며 입을 모아

극찬했다. 모든 준비를 마친 K씨는 자신만만하게 영업을 개시했다.

고급 노선인 '주먹구구2라멘'은 TV와 신문 등에 여러 차례 소개되었고, 매일 사람들로 북적였다. 개업 직후 한 달 동안은 너무 바빠 파김치가 될 정도로 일했다. 원가율은 40%가 넘었지만 계획대로 4천만 원의 수익을 올렸고, 1,500만 원이 수중에 남았다.

성공을 확신한 K씨는 오래전부터 가지고 싶었던 고급 차를 계약했고, 계약금으로 1,500만 원을 지불했다. 씀씀이가 커져 초기 투자를 한 뒤 남은 1천만 원도 모두 써버렸다. 그런데 가게 문을 연 지 두 달 정도 지나자 손님들의 발길이 크게 줄었다. 가게가 있는 해안가는 여름을 제외하고는 방문하는 사람이 극히 드물었다. 돈은 전혀 모이지 않는데 각종 청구서가 하나둘씩 날아왔다. K씨는 결국 야간 아르바이트 자리를 찾기로 했다.

라멘 가게 경영에는 많은 '벽'이 존재한다

너무 극단적인 사례 같다고? 그렇지 않다. 이러한 사례는 실제로 어렵지 않게 접할 수 있다. 일반적인 음식점은 초반에는 화제성으로 손님을 꽤 끌어모으지만, 두 달 정도 지나면 매출이 큰 폭으로 떨어진다. 그러다가 재방문자를 늘려 궤도에 올려놓는데, 그 과정에서 적자가 나거나 자금이 크게 줄어드는 경우가 매우 많다.

라멘에는 '1만 원의 벽'이 있다고 한다. 오늘날 뉴욕과 런던 등 전 세계 많은 도시에서 라멘이 인기를 얻고 있다. 세계 대도시에서는 라멘 한 그릇 가격이 2만 원을 넘는 경우도 꽤 있는데, 일본의 라멘 가격은 보통 7천~8천 원 정도다. 고기와 채소가 듬뿍 올려져 있는 지로계 라멘이나 '미쉐린 가이드 도쿄'에 소개되는 유명한 가게조차도 한 그릇에 1만 원 이상을 받는 라멘은 그리 많지 않다.

라멘과 같이 가격 인상이 쉽지 않은 메뉴는 안정적인 경영을 위해 고객층과 콘셉트를 명확히 하여 사업 계획과 자금 계획을 세우는 것이 필수다. 그리고 그 계획이 현재 상황과 맞는지 신중하게 검토해야 한다.

또한 매출이 예상보다 떨어지거나 예기치 못한 일이 벌어질 가능성을 늘 염두에 두고 여유 있게 자금을 확보해야 한다. 그렇게 하면 갑자기 경영이 악화되어도 대책을 세울 시간을 벌 수 있다.

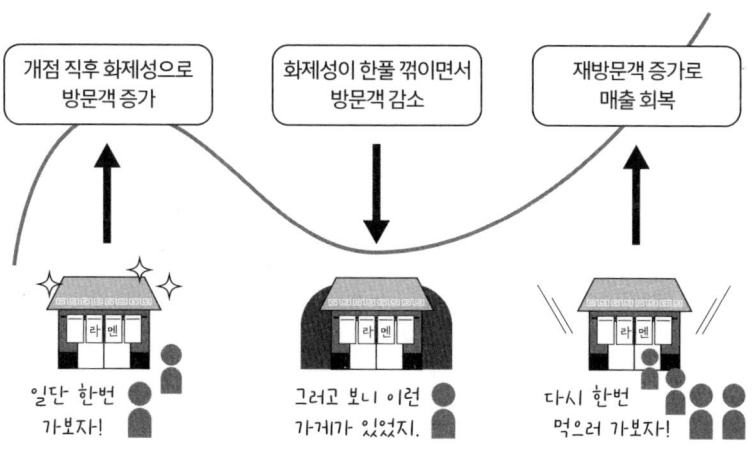

음식점 방문객 수의 변화

계획과 현실의 괴리를 찾아 대책을 세우자!

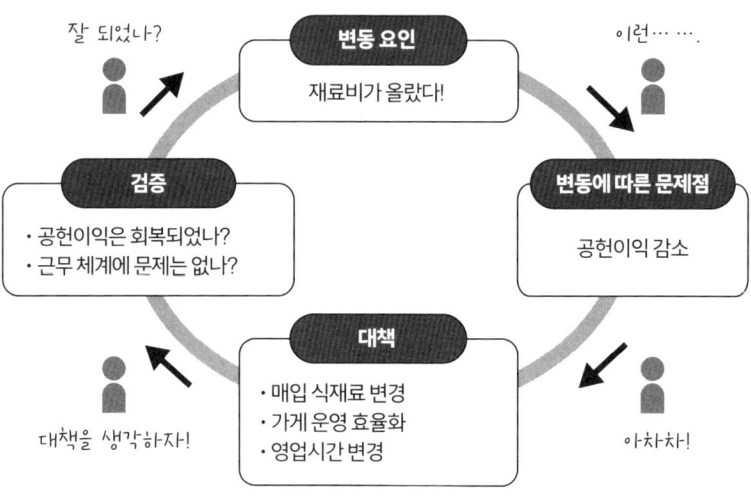

말은 그렇게 했지만 계획이 예상대로 진행될 것이라는 보장은 없다. 계획을 세우는 과정에서 방문객 수와 원가 등의 변동 요인을 찾아 요인이 바뀌었을 때 자금에 어떤 영향을 미치는지 미리 파악해야 한다. 그러면 좋지 않은 일이 발생해도 얼마나 영향을 받을지 조기에 정확하게 파악하고 대비할 수 있다.

애초에 잘못된 출발을 하면 그것을 수정하는 데 엄청나게 많은 에너지가 필요하다. 잘못된 방향으로 달려가지 않도록 주의하자.

09

그래서 관리회계의 매력이 뭐라고?
돈을 벌기 위해 꼭 필요한 도구

자, 여기까지 읽고 관리회계의 장점을 조금이나마 알게 되었는가? 관리회계를 잘 활용하면 돈이 점점 늘어나 인생이 대박이 날까? 유감스럽게도 그건 아니다. 만약 그렇다면 회계 전문가인 공인회계사들은 모두 엄청난 부자가 되어 인기 폭발인 직종으로 자리 잡았을 것이다.

듣기 좋은 이야기에는 반드시 속셈이 있다

안타깝게도 돈을 쉽게 벌 수 있는 사업은 없다. SNS를 하다 보면 '클릭만 하면 누구나 쉽게 돈을 벌 수 있어요!'라는 문구를 어렵지 않게 접할 수 있다. 다 거짓말이다. 정말 그렇다면 아르바이트생을 고용해 온종일 미친 듯이 클릭만 하게 하면 된다. 아르바이트 비용은 아무리 비싸도 하루에 몇만 원이면 해결될 것이므로 큰돈을 벌 수 있다. 그런데 자신들이 그렇게 하지 않고 다른 사람에게 방법을 알려준다고? 분명 사기다. 그러니 그런 말에 속아 넘어가지 않도록 정신을 똑바로 차리기 바란다.

나는 현재 공인회계사, 세무사, 법무사, 행정사 사무소를 운영하고 있다. 뿐만 아니라 친구와 함께 와인 판매점을 경영하고 있으며, 하치노헤시 번화가에 있는 건물을 매입해 임대 사업도 하고 있다. 모두 연 매출 1억 원 규모의 작은 사업이다.

본업인 사무소는 가족 경영이라 비용이 그다지 많이 들지 않아 걱정할 일이 별로 없지만, 그 외 사업은 쉽지 않다. 매일 고민하고, 또 고민한다.

라멘 가게는 날씨 등에 따라 고객 수가 크게 변동한다. 전날보다 매출이 절반으로 줄어드는 경우도 많다. 와인 판매점은 일반 고객도 방문하긴 하지만 음식점을 대상으로 한 판매가 꽤 큰 비중을 차지한다. 그래서 음식점 손님이 줄어들면 큰 타격을 입는다. 상가 건물도 세입자가 나가고 공실이 계속되면 수익에 그림자가 드리워진다.

나는 부정적인 이슈가 발생할 때마다 이익을 계산하며 앞으로의 자금 사정을 예측한다. 매출 그래프가 상승 곡선을 그리지 않으면 정말이지 머리가 아프다.

가게가 망하는 진짜 원인

사실 가게가 망하는 원인은 적자가 쌓여서가 아니라 자금이 없어지기 때문이다. 당연한 말이지만 돈이 없으면 아무것도 할 수 없다.

라멘 가게는 재료를 구하지 못하면 라멘을 만들 수 없다. 와인 가게는 와인을 구매해놓지 않으면 가게에 상품을 진열할 수 없다. 이런 상태로는 사업을 지속할 수 없으므로 폐업을 할 수밖에 없다.

반대로 말하면, 아무리 빚이 쌓여도 팔던 것을 계속 지급할 수만 있다면 장사를 지속할 수 있다. 비용이 들지 않는 작가는 돈이 없어도 일을 할 수 있으므로 자발적으로 그만두지 않는 한, 폐업하는 사람은 거의 없을 것이다.

나는 예전에 배로 짐을 운반하는 사업을 하는 회사에서 근무한 적이 있다. 철광석, 석탄 등 매장 자원 수송이 주요 업무였는데, 배는 길이가 300미터가 넘을 정도로 매우 컸다. 배의 건조는 자체 자금이나 소유주에게 빌려 해결했다. 건조비는 척당 수백억 원에서 수천억 원으로 어마어마했다. 그런 배를 운항시켜 투자를 회수하는데, 운임은 세계 시세에 따라 매일 오르내렸다. 한동안 운임 시황이 큰 폭으로 떨어져 매일같이 상당한 금액의 적자를 기록했다. 경리부 직원이었던 나는 잔뜩 긴장한 채 추이를 주시했다. 다행히 내가 일하는 동안에는 회사가 망하지 않았다. 은행이 돈을 빌려주어 제때 비용을 지급했기 때문이다.

회사가 흑자여도 망하는 이유

'흑자 도산'이라는 말이 있다. 2017년, 나루오전자(오사카시)라는 전자기판 설계 회사가 파산했다. 당시 기사에 따르면 대기업을 고객으로 두고 매출액 100억 원(전년 대비 약 1.7배)을 기록했지만 사업 규모를 급격하게 확대한 탓에 재고 부담 지출이 증가해 결제 자금을 조달하지 못하고 파산했다고 한다.

2008년에 파산한 부동산업 어반코퍼레이션(히로시마시)은 파산 직전 분기에 6천억 원 이상의 경상이익을 냈다. 그런데 부동산 시장이 급격하게 얼어붙으면서 자금 부족 사태에 빠졌다. 이처럼 아무리 흑자를 내도 자금이 없으면 경영을 지속해나갈 수 없다.

'Profit is opinion, Cash is fact'라는 말이 있다. 이는 '이익은 의견일 뿐이고, 현금은 사실이다'라는 뜻이다. 소니에서 초대 CFO를 지낸 이나바 야스시가 즐겨 사용한 말이다.

큰 규모의 기업이든, 작은 규모의 기업이든 이익뿐 아니라 자금 사정을 늘 염두에 두고 경영을 해야 한다. 물론 적자가 계속 이어지면 차입을 할 수 없으니 언젠가는 자금이 바닥날 것이다.

또한 사업 규모를 확대하려면 설비와 광고 등에 엄청난 자금을 쏟아부어야 하는데, 앞으로 나아가기 위해 액셀을 밟을 때도 균형이 중요하다.

매출을 늘리는 세 가지 요소

기업은 매출을 계속 확보해야 존재할 수 있다. 매출을 늘리는 요소는 세 가지, 즉 고객 수, 매출 단가, 횟수다.

매출 = 고객 수 × 매출 단가 × 횟수

자금이 바닥나지 않도록 매출을 늘려나갈 수 있게 하는 것이 바로 경영 전략이다. 제대로 경영을 해나가려면 가장 먼저 현 상황을 분석해야 하는데, 이때 회계 데이터가 바탕이 된다.

어떤 업종이든 신속한 대응이 요구되는 때가 있다. 앞서 이야기한 어반코퍼레이션은 거액의 흑자 결산을 발표하고 얼마 지나지 않아 파산 소식이 전해졌다. 코로나19의 확산 초기에 빠른 판단을 내린 음식점은 적자 확대와 자금 유출을 최소화할 수 있었다.

관리회계는 말 그대로 경영을 관리하기 위한 회계다. 성장 기회가 찾아왔을 때, 위기가 닥쳤을 때, 여러 개의 선택지를 놓고 망설일 때 데이터를 바탕으로 판단을 내려야 한다. 물론 감이 중요한 순간도 있다. 하지만 반드시 데이터를 바탕으로 검증하는 것을 우선적으로 생각해야 한다.

규모를 확장하고 싶은지, 위험을 감수하지 않고 지속하고 싶은지, 경영자에 따라 기업 방침이 크게 다르다. 경영은 판단의 연속이며, 중대한 결정을 그르치면 돌이킬 수 없는 상황에 처할 수도 있다. 뜻밖의 함정에 빠지지 않도록 매일 데이터와 마주하고 가까운 미래를 예측하는 것이 중요하다.

관리회계를 공부했다고 해서 반드시 돈을 버는 것은 아니다. 그래도 가게나 회사가 문을 닫을 확률은 크게 줄어들 것이다. 관리회계는 사업을 지속하기 위한 도구이자 든든한 아군이다.

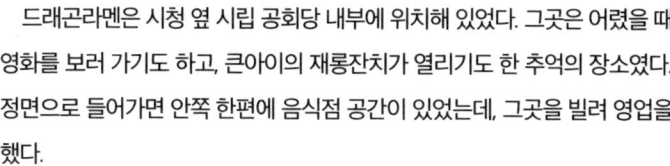

아무도 예상하지 못한 장소

칼럼 　드래곤라멘 개업 이야기 ①

　드래곤라멘은 시청 옆 시립 공회당 내부에 위치해 있었다. 그곳은 어렸을 때 영화를 보러 가기도 하고, 큰아이의 재롱잔치가 열리기도 한 추억의 장소였다. 정면으로 들어가면 안쪽 한편에 음식점 공간이 있었는데, 그곳을 빌려 영업을 했다.

　들어가면 바로 홀로 연결되는 접수대가 있었고, 그쪽과는 다른 방향에 음식점이 있어 시선이 잘 가지 않았다. 그래서 가게의 존재를 모르는 사람은 그냥 지나치기 일쑤였다. 나도 여러 번 방문했지만 음식점을 이용한 적은 없었다. 정확히 말하면, 가게를 열기 전에는 음식점이 있다는 사실조차 몰랐다.

　상황이 이러했기에 누군가가 가게를 차려도 오래 가지 않았다. 음식점과 찻집이 있었던 적도 있다고 하는데, 내가 가게 자리를 알아보러 다녔을 때는 비어 있는 상태였다. 음식점으로 추천할 만한 위치는 절대 아니었다. 공회당 앞은 인적이 드물어 지나가다 들르는 사람이 거의 없었다.

　음식점 경영은 그 가게를 일부러 찾아와주는 사람, 지나가다 들어오는 사람의 합계가 고객 수가 된다. 인적이 드문 곳은 지나가다 알아서 들어오는 사람을 포기해야 하므로 가게를 꾸려나가기 어렵다. 그렇기 때문에 유동인구가 많은 곳의 점포는 임대료가 비싼 것이다.

　내가 손님을 모으기 어려운 장소를 선택한 것은 재현성 있는 노하우를 쌓고 싶었기 때문이다. 나는 점점 쇠퇴해가는 고향을 바꾸고 싶었다. 창업자를 늘려 더 재미있는 거리를 만들고, 그 안에서 매력을 느낀 사람들이 고향에 남아주길, 더불어 타지에서 이주해오는 사람들이 많아지길 간절히 희망했다.

자금 여유가 있는 사람만 창업을 원하는 것이 아니다. 제약이 있는 환경에서 가게를 운영하면 자금이 없는 사람도 성공할 기회를 잡을 수 있는 길을 닦아 나갈 수 있지 않을까 생각했다. 나는 그런 생각으로 드래곤라멘을 시작했다.

2장

라멘 한 그릇에서 어떻게 이익이 생겨날까

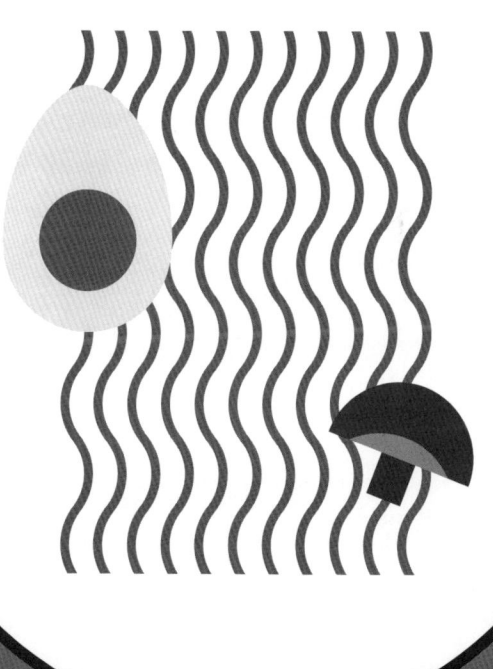

01

업태별 라멘의 이익 구조
줄을 서는 라멘 가게는 돈을 많이 번다고?

여러분 주변에 있는 라멘 가게를 몇 군데 떠올려보기 바란다. 늘 붐비는 가게도 있을 것이고, 늘 한가해 보이는 가게도 있을 것이다. 과연 어느 가게가 돈을 더 잘 벌까?

정답은 '모른다'다. 또 심술궂은 질문을 해서 죄송하게 생각한다. 하지만 경영을 하려면 이런 관점에서 사고할 수 있어야 한다.

생각해보자. 항상 한가해 보이는 라멘 가게는 왜 망하지 않을까? 물론 손님이 잘 오지 않아 돈을 전혀 벌지 못하는 가게도 있을 것이다. 그런데 얼핏 보면 벌이가 안 되는 것 같아도 사실 제대로 경영하는 가게도 있다. 가게의 종류별로 비용의 균형을 생각해보자.

지로계 라멘 가게의 이익 구조

먼저 '지로계'로 분류되는 메가모둠 라멘 가게를 생각해보자. 일반적으로 지로계 라멘은 풍부한 돼지뼈와 등지방, 토핑용 돼지고기를 끓여 육수를 만든다. 진한 돼지의 맛을 내기 위해 장시간 육수를 끓이는 가게가 많다. 재료의 양이 곧 감칠맛과 연결되므로 돼지뼈와 등지방을 대량으로 사용한다. 물론 가게마다 다르지만 꽤 많은 가게가 8시간 이상 육수를 끓인다.

면도 자유도가 높다. 지로라고 하면 강력분을 사용한 납작한 면이 상징이다. 원조인 '라멘지로'에서는 기본적으로 수제 면을 사용한다. 직계가 아닌 유사한 가게는 자체적으로 면을 만드는 곳도 있고, 제면소에서 면을 구입해 사용하는 곳도 있다.

지로계 라멘 가게의 이익 구조

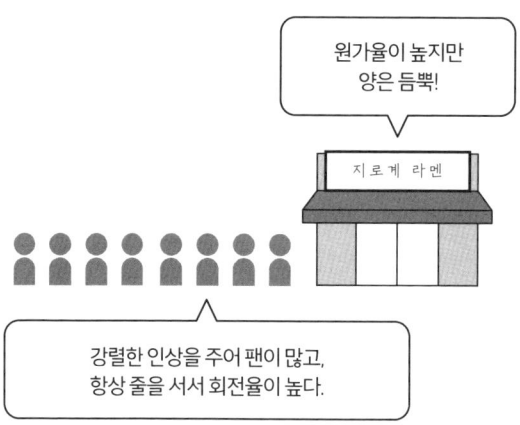

그리고 지로계의 가장 큰 특징은 바로 양이다. 작은 사이즈도 일반 라멘의 특곱배기 이상일 정도다. 큰 사이즈는 다른 가게의 두 배 이상이다. 토핑인 채소와 등지방도 취향에 맞게 추가할 수 있고, 두께가 5센티미터 이상인 고깃덩어리가 위에 턱 하니 올라간다.

가격은 비싸도 1만 원 정도다. 하루 식사를 감당할 수 있을 정도로 양이 많아 가성비가 매우 높은 편이다. 젊은이들을 중심으로 팬층이 형성되어 각지에서 줄이 끊이지 않는다.

라멘의 양이 많기 때문에 한 그릇에 들어가는 재료 역시 다른 가게보다 많을 수밖에 없다. 작은 사이즈에도 300그램 정도의 면이 들어간다. 면을 직접 만들었느냐, 구입했느냐에 따라 면의 비용이 달라지기도 한다. 구매할 경우 300그램이면 아무리 저렴해도 1천 원 전후일 것이다. 또한 차슈도 비용이 꽤 나간다.

지로계의 차슈는 두껍게 써는 것이 포인트이므로 한 그릇에 사용하는 고기는 100그램 가까이 된다. 고기는 부위와 매입처에 따라 가격이 다르지만 아무리 저렴해도 900원 정도는 할 것이다. 국산 명품 돼지를 사용한다면 가격은 두 배로 뛴다.

이처럼 지로계 라멘은 원가율이 높아지기 쉬우며 40% 전후가 될 수도 있다. 물론 가게마다 조건이 모두 달라 일률적으로 말할 수는 없지만 원가가 꽤 높은 라멘인 것은 분명하다.

그리고 지로계의 큰 특징은 매장 내 규칙으로 회전율이 높다는 점이다. 주문을 할 때 "채소 추, 마늘 기름 맵"과 같이 주문을 외우듯 원하는 토핑을 말해야 해 처음 방문하는 사람은 당황스러울 수도 있다.

어떤 가게에서는 "마늘 넣으시겠어요?"라는 질문이 '채소나 기름의 양, 마늘 유무를 지정해주세요'를 의미하기도 하여 "네", 혹은 "아니오"로 대답하면 싸늘한 시선을 받을 수도 있다.

줄이 늘어선 상태를 전제로 하여 일정한 속도로 연달아 라멘을 만드는 가게도 있다. 자리를 잡으면 다음 손님의 라멘이 나오기 전에 식사를 끝내야 한다. 천천히 먹으면 자리가 나지 않아 다음 라멘을 내놓을 수 없다. 이를 '로트 돌리기ロット乱し'라고 하는데, 바람직한 방법이 아니라는 의견이 많다.

이처럼 지로계는 신규 고객의 문턱이 높아 재방문객이 손님의 대부분을 차지한다. 이는 매우 잘 만들어진 비즈니스 모델로, 회전율을 높게 유지할 수 있어 원가율이 높아도 이익이 남는 구조다.

고급 지향 라멘 가게의 이익 구조

이번에는 품질 좋은 재료를 고수하는 고급 지향 라멘 가게를 생각해보자. 고급 토종닭과 명품 돼지고기를 사용하여 유명 가이드북의 별을 획득할 정도로 유명한 가게다.

이런 곳은 일식이나 프렌치 요리사였던 사람이 오픈한 경우가 많다. 오랜 경험을 통해 쌓은 기술과 식재료를 이용해 평범한 가게와 차별화를 시도한다.

라멘 맛은 저마다 개성이 다르다. 사용하는 식자재의 산지와 브랜

고급 지향 라멘 가게의 이익 구조

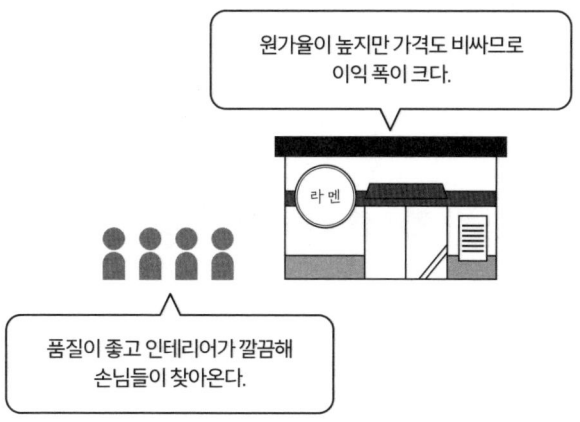

드를 전면에 내세워 고급스러움을 느끼게 한다는 점만 같을 뿐이다. 트러플이나 와규를 사용한 라멘도 있다. 품질이 높은 것은 요리 자체의 수준만 높은 것이 아니라 인테리어도 잘되어 있고 그릇도 고급스럽고 통일감을 주기 때문에 어디를 봐도 완벽하다.

일반 라멘 가게와 다른 점을 내세우는 고급 지향 라멘 가게는 가격을 높게 책정하는 경우가 많다. 토핑을 추가하지 않아도 한 그릇에 1만 원이 넘는 라멘도 많다. 심지어 1만 5천 원짜리 라멘도 있다. '1만 원의 벽'을 깨는 새로운 시대의 라멘이라 할 수 있다.

이런 가게는 고급스러운 재료를 사용하기 때문에 원가율이 상당하다. 지로계 라멘 가게는 양과 가성비로 승부를 보는 반면, 고급 지향 라멘 가게는 고급스러움과 높은 품질로 손님들을 끌어모은다.

가격은 지로계보다 높아 원가율이 같아도 이익의 폭이 크다. 가게마다 차이가 있지만, 대부분 지로계 라멘 가게보다는 손님이 적어도 이익을 쉽게 남길 수 있는 구조로 설계되어 있다.

동네 중국집의 이익 구조

마지막으로 어디에나 있을 법한 동네 중국집을 생각해보자. 이런 가게는 인기 라멘 가게처럼 혼잡하지도 않고, 줄을 서지도 않는다. 주변을 둘러보면 앞서 살펴보았던 가게들보다 확실히 손님이 적지만 망하지 않고 계속 장사를 하는 가게를 쉽게 찾을 수 있다.

일본의 동네 중국집은 닭이나 멸치로 육수를 낸 옛날식 메뉴가 많다. 재료도 일반적으로 쉽게 구할 수 있는 것들이어서 원가율이 낮다. 닭뼈는 가격이 저렴하고 돼지뼈에 비해 가공하는 품이 들지 않는다. 조리 시간도 짧은 편이다. 한 그릇당 공헌이익은 어쩌면 지로계 라멘보다 클 수도 있다. 가끔 이런 중국집에 가보면 단골 할아버지가 맥주를 마시며 TV를 보고 있기도 하다.

사실 이것이 동네 중국집의 강점이며, 계속 영업을 해나갈 수 있는 이유 중 하나다. 사람들로 북적이는 라멘 가게에 갔던 경험을 떠올려보자. 사이드 메뉴는 적고, 술을 장시간 마시는 사람도 없었을 것이다. 혼잡함이 일상인 가게에서는 머무는 시간을 길게 만드는 메뉴를 제공할 수 없다.

동네 중국집의 이익 구조

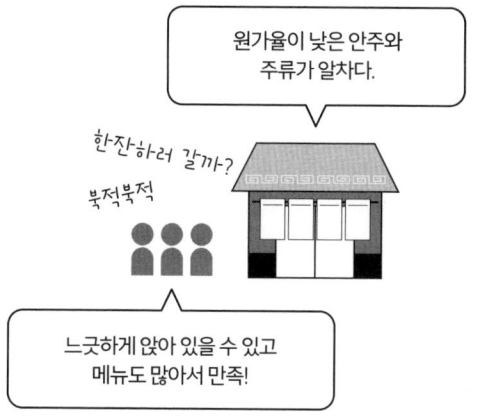

 반면 한가로운 동네 음식점에서는 여유 있게 음식을 먹으며 술도 한잔할 수 있다는 장점이 있다. 만두나 볶음밥, 맥주가 없는 동네 중국집은 없을 것이다.
 구체적인 숫자로 생각해보자. 지로계 라멘 가게는 단가 1만 원으로 원가율 40%, 고급 지향 라멘 가게는 단가 1만 5천 원으로 원가율 40%, 동네 중국집은 단가 7천 원으로 원가율 30%에 더해 원가율 20%의 안주와 술을 1인당 2만 8천 원어치 주문한다고 가정하자.
 이 경우 1인당 공헌이익은 지로계 라멘 가게는 6천 원, 고급 지향 라멘 가게는 9천 원, 동네 중국집은 2만 7,300원이다. 이러한 전제하에 생각하면 동네 중국집에 간 손님 한 명은 지로계 라멘 가게의 4인분, 고급 지향 라멘 가게의 3인분 이상의 가치가 있다는 말이다.

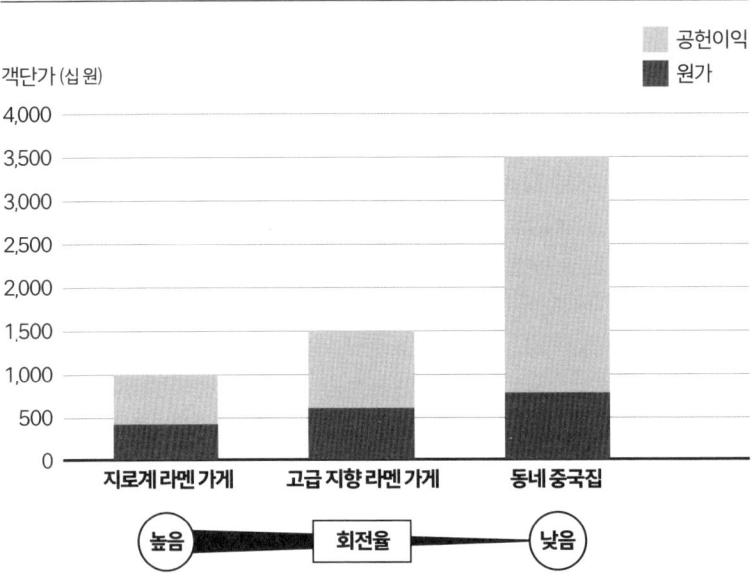

　이렇게 비교해보니 줄을 서는 가게가 반드시 돈을 많이 버는 것은 아니라는 점을 알 수 있다.

　이는 음식점에만 해당하는 이야기가 아니다. 모든 사업은 박리다매를 지향하는지, 판매 횟수는 적지만 이윤이 큰 상품을 판매하는지 등 사업 구조가 다르다. 라멘 가게의 예를 자신의 사업에도 적용할 수 있는 방법을 잘 생각해보자.

02
이익이 나지 않는 가게는 망한다
애초에 이익이란 무엇일까

영화, 책 등 공포물을 보면 좀비가 자주 등장한다. 죽었지만 어떠한 이유로 인해 되살아나 무섭게 돌아다니며 살아 있는 사람들을 공격한다. 나는 '좀비' 하면 드라마 〈워킹 데드〉, 게임 〈바이오하자드〉, 만화 《아이 엠 어 히어로》가 떠오른다. 이 작품들 속 좀비들 역시 이미 죽었음에도 살아 있는 듯 계속해서 움직인다.

어떤 기업이 좀비 기업인가

우리 주변에는 이른바 '좀비 기업'이 있다. 좀비 기업이라는 개념은 일본의 거품경제가 붕괴된 1990년대 초반에 생겨났다. 좀비 기업은 수지가 악화되어 이자 지급과 상환이 제대로 이루어지고 있지 않지만 파산하지 않고 사업을 계속 이어나가는 기업을 말한다. 회생 가능성이 없는데도 정부와 금융기관의 지원을 받아 숨을 쉬고 있는 상태라고 할 수 있다.

이러한 기업은 부실채권의 웅덩이가 되어 버블이 터진 후 장기 경기침체를 일으킨 한 요인이 되었다. 지나친 지원은 금융기관에도 큰 타격을 주었다. 지금은 부실채권이 될 것 같은 대출은 억제되어 좀비 기업 자체가 생기기 어렵다. 계속해서 적자를 내는 기업은 결국 파산한다. 내가 예전에 근무했던 기업은 연일 엄청난 적자를 기록했다. 한동안은 대출에 의존해 버텼지만 결국 금융기관으로부터 대출을 거절당해 파산하고 말았다.

라멘 가게에서 '번다'는 것은 무엇을 의미할까

앞서 몇 차례 이야기했듯 '번다'라는 것은 수중에 돈이 남아 있는 상태를 말한다. 벌지 않으면 기업은 결국 망하고 만다. 돈이 얼마 안 가 사라지기 때문이다. 라멘 가게를 예로 생각해보자.

A라는 라멘 가게가 있다. 이곳에서는 한 그릇에 1만 원인 라멘이 한 달에 1,000그릇 정도 팔린다. 원재료비를 비롯해 인건비, 수도 요금, 전기 요금 등 각종 경비를 제하면 약 100만 원이 남는다. 매출이 얼마든

최종적으로 100만 원이 남았으니 별 문제가 없어 보인다.

그런데 일본에서는 이 이익을 근거로 소득세를 계산한다. 실제 계산은 더 복잡하지만, 세율이 30%라면 월 세금은 30만 원이다. 그러면 이 시점에 수중에 남는 돈은 70만 원이다.

빚을 갚는 것은 '경비'가 될 수 없다

세금을 내도 돈이 남아 있으니 괜찮다고? 그렇지 않다. 절대 안심해서는 안 된다. 앞서 몇 차례 언급했듯 대출을 받았다면 수중에 남아 있는 이익에서 일정액을 상환해야 한다. 종종 착각하는 사람이 있는데, 상환은 경비 처리를 할 수 없다. 세후 이익으로 남은 '벌이'에서 돈을 내야 한다.

반대로 생각해보자. 대출금 상환을 경비 처리할 수 있다면 대출을 받았을 때 수입으로 잡아야 앞뒤가 맞는다. 빚으로 인해 일시적으로 돈이 늘어도 갚을 의무가 있다면 그것은 번 것이 아니다. 따라서 돈을 빌릴 때는 세금이 부과되지 않고, 돈을 갚을 때는 경비 처리가 되지 않는 것이다.

물론 돈을 받았을 뿐이고, 상환하지 않아도 된다면 다르게 취급한다. 이때에는 빚이 아닌 증여가 된다. 이 경우 개인이 받았다면 원칙적으로 증여세가 붙는다. 법인도 수증자로서 과세 대상이 된다.

이익이 나는데 돈은 줄어드는 상태란?

개인이 가게 문을 열 때 1억 원을 빌려 8년 동안 상환하는 경우를 생각해보자. 이해하기 쉽도록 이자는 0원이라고 가정하도록 하겠다. 원금을 균등하게 상환할 경우 상환액은 대략 1,200만 원이다.

앞의 사례를 다시 생각해보자. 상환금은 경비가 아니므로 이익과 세금은 변하지 않는다. 그러면 '70만 원 - 100만 원'이므로 매달 30만 원씩 돈이 줄어든다. 결과적으로 '이익이 나는데 돈은 줄어드는' 상태가 된다. 평상시에 늘 세금을 생각하는 나 같은 사람에게는 당연한 일이지만, 회계를 잘 모르는 사람이 보기에는 이해하기 어려울 수도 있다.

게다가 지출은 이것뿐만이 아니다. 개인사업을 할 때는 그 누구도 사장에게 월급을 주지 않는다. 일해서 번 돈이 모두 사장의 몫이 되고, 매출이 부족하면 자신의 돈을 끌어모아 지급해야 한다.

앞서 소개한 라멘 가게 주인은 서른 살이고, 동갑내기 부인은 세 살짜리 아들을 키우는 데 전념하고 있다고 가정하자. 지방 도시에 있는 집은 임대다.

집세 60만 원, 식비 20만 원, 각종 공과금 10만 원, 기름값 40만 원 등 사치를 하지 않아도 청구서는 꼬박꼬박 날아온다. 일본 총무성의 조사에 따르면 3인 가정의 평균 생활비는 약 300만 원이라고 한다. 종종 오해하는 사람이 있는데, 생활비는 경비가 아니다.

사업과 관계없는 것도 경비로 인정해준다면 어떻게 될까? 많은 사람이 돈을 펑펑 쓸 것이고, 세수는 급감할 것이다. 심각할 경우, 세금을 바탕으로 하는 각종 사회보장제도를 실행할 수 없어 국가가 파탄 날 수도 있다.

이익은 70만 원인데 경비 처리할 수 없는 대출금 상환은 100만 원, 생활비는 300만 원이다. 매달 330만 원의 적자가 나는 셈이다. 연간으로 따지면 3,960만 원이다. 이러한 상태에서 저축은 순식간에 소진되고, 머지않아 대출도 받을 수 없게 되어 가게가 무너질 것이다.

가게를 계속 운영하려면 최소한 대출금 상환과 생활비를 충당할 수 있는 400만 원의 이익이 필요하다.

그 가게들은 정말 이익을 내고 있을까?

〈오모우마이미세オモウマい店〉라는 TV 프로그램이 있다. 대접이 매우 후하면서도 맛있는 가게를 소개하는데, 가게 주인들이 자신만의 개성을 어필한다. 나도 이 프로그램을 좋아해 거의 매주 시청한다. 이 프로그램에 나오는 가게들은 양으로 승부하기도 하고, 엄청난 서비스를 제공하기도 하는데, 그러면서도 가격이 매우 저렴하다. 보고 있으면 '그러니 손님이 끊이지 않지'라는 생각이 절로 든다.

손님 입장에서는 그런 가게들이 무척이나 반갑다. 근처에 있으면 기꺼이 방문할 것이다. 하지만 자신이 음식점 경영자나 그 가족이라면 그렇게 생각할 수 있을까? 물론 저렴하게 음식을 판매하면서도 제대로 이익을 내는 곳도 있다. 그러한 가게는 당연히 본받아야 한다.

하지만 이해가 되지 않는 가게도 있다. 종종 "남는 것이 하나도 없다"라고 말하는 가게 사장님들이 있다. TV용 농담이었으면 좋겠지만, 실제로 폐점을 한 뒤 아르바이트를 하는 사람도 있었다. 이는 가게만 운영해서는 먹고살 수 없다는 뜻이다.

이익이 나지 않는 사업은 계속해서 이어나갈 수 없고, 언젠가는 손 쓸 수 없는 지경이 될 수도 있다. 그렇게 되기 전에 대책을 마련하여 위기를 예방해야 한다.

03
드래곤라멘의 손익분기점
공헌이익은 한 그릇당 이익

드래곤라멘은 정기 휴일 없이 오전 11시부터 오후 2시까지 영업했다. 손님이 가장 많았던 날의 매출은 약 110만 원, 가장 적었던 날의 매출은 약 15만 원으로, 같은 장소에서 같은 시간 동안 영업했지만 변동 폭이 상당했다.

드래곤라멘의 경영 상황

여기서 관리회계를 복습해보자. 손익분기점이란 공헌이익과 고정비가 일치하는 위치이며, 그보다 매출이 많으면 흑자로 돌아선다고 했다.

드래곤라멘의 대표 메뉴는 '진한 멸치 라멘'와 '담백한 간장 라멘'이었다. 세금을 포함하여 진한 멸치 라멘은 7,800원, 담백한 간장 라멘은 6,800원이었다. 판매가에서 라멘을 만들기 위한 변동비를 뺀 금액이 공헌이익이다.

변동비는 라멘을 만들 때마다 늘어나는 비용으로, 재료비가 큰 비중을 차지한다. 고정비는 라멘을 만드는 양이 바뀌어도 지급해야 하는 금액이 변하지 않는데, 임대료와 인건비가 가장 큰 비중을 차지한다.

그렇다면 수도 요금과 가스 요금은 고정비일까, 변동비일까. 조금 고민이 필요할 듯하다. 업종에 따라 다르며, 원래 관리회계는 내부용이므로 관리하기 쉽다면 어느 쪽으로 하든 아무런 문제가 없다.

드래곤라멘이 가장 바빴을 때의 월 매출은 약 1,400만 원이었고, 가장 한가했을 때의 월 매출은 약 850만 원이었다. 더운 여름에는 아무래도 라멘을 먹는 사람이 줄어들었다.

객단가는 대략 8,600원이었는데, 가장 많았던 달은 약 1,630명, 가장 적었던 달은 약 990명이 내점한 셈이다.

드래곤라멘의 경영 상황

	장사가 잘된 달	장사가 잘되지 않은 달
월 매출	1,400만 원	850만 원
객단가	8,600원	8,600원
내점자 수	약 1,630명	약 990명

바빴던 달과 한가했던 달의 수도 요금과 가스 요금 합계를 비교해보니 많이 나왔을 때는 약 85만 원, 적게 나왔을 때는 약 65만 원이었다. 매출이 차이가 있어도 공과금은 20만 원 차이에 불과했기에 고정비로 분류했다.

자, 이제 한 그릇당 한계이익을 다시 생각해보자. 앞서 이야기했듯 객단가는 대략 8,600원이었다. 드래곤라멘은 곱빼기와 삶은 달걀 등의 토핑은 있었지만, 사이드 메뉴와 주류는 판매하지 않았다. 가게 운영 방식과 장소의 제약이 있었기 때문이다. 그 결과, 객단가는 라멘 한 그릇 가격에서 크게 늘지 않고 비슷한 수준에 머물렀다.

변동비의 많은 부분을 차지하는 것은 역시 재료비다. 채소와 고기는 계절에 따른 변동이 있어 가격이 매일 변한다. 드래곤라멘은 대략 30%를 유지했다.

여기서 다시 한번 공헌이익 계산 방식을 복습해보자. 공헌이익은 매출에서 변동비를 뺀 것이므로 드래곤라멘의 경우 손님 1인당 공헌이익은 다음과 같았다.

8,600원 × (100 - 30%) = 6,020원

이익은 언제부터 발생할까

손익분기점은 공헌이익과 고정비가 일치하여 손익이 0인 매출이었다. 드래곤라멘의 고정비는 약 600만 원이었다. 즉, 고정비를 충당할 수 있는 공헌이익을 내는 고객 수를 계산하면 된다.

고정비를 공헌이익으로 나누면 손익분기점의 고객 수를 산출할 수 있다.

600만 원 ÷ 6,020원 = 996.6777명

편의상 고객 수를 1,000명으로 하자. 이 고객 수에 객단가를 곱한 것이 손익분기점 매출액이다.

드래곤라멘의 손익분기점

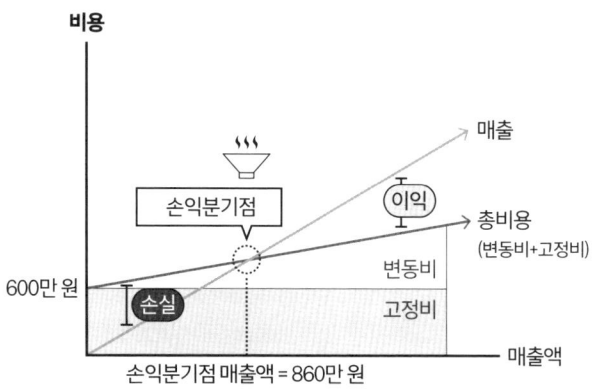

1,000명 × 8,600원 = 860만 원

이 매출이면 손익이 0이 된다. 역산해서 확인해보자. 매출에서 변동비를 뺀 공헌이익률은 70%이므로 매출에 0.7을 곱한다.

860만 원 × 0.7 = 602만 원

공헌이익이 고정비인 600만 원과 거의 일치하므로 손익이 0임을 확인할 수 있다.

작가나 전문직 사무소의 손익분기점은?

다른 사업의 손익분기점도 생각해보자. 여러분이 하는 사업에도 꼭 적용해보기 바란다.

우선 변동비가 거의 없는 분야부터 보자. 앞서 설명한 작가나 '사'자가 붙은 업종이 이에 해당한다. 원고를 쓸 때는 어떠한 재료가 필요하지 않고, 서류를 만들 때마다 컴퓨터를 바꾸진 않는다. 변동비가 없기 때문에 매출이 그대로 공헌이익이 된다. 고정비는 사무실 임대료와 급여, '사'자가 붙은 직업을 가지고 있다면 세무사회나 법무사회 등 등록 단체에 내는 회비가 이에 해당한다.

이 경우 손익분기점 산출은 간단하다. 공헌이익률이 100%이기 때

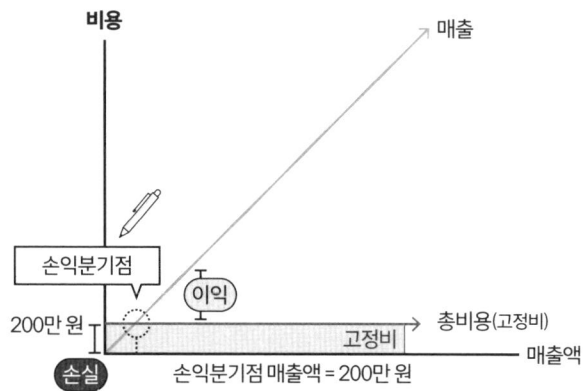

전문직 사무소의 손익분기점(변동비가 들지 않는다고 가정)

문에 고정비와 매출이 일치하는 금액이 손익분기점이다.

고정비는 월세 50만 원, 인건비 100만 원, 각종 공과금 20만 원, 회비를 포함한 잡비 30만 원으로, 총 200만 원이라고 가정하자. 나는 여러 자격증을 보유하고 있어 해당 소속 단체들에 회비를 내고 있다. 월 회비는 공인회계사 10만 원, 세무사 20만 원, 법무사 5만 원, 행정사 10만 원 정도다. 소속 단체 회비는 지역에 따라 다를 수 있다.

소매점의 손익분기점

이어서 소매점 등 상품을 매입해 판매하는 업종을 생각해보자. 도매상에서 상품을 매입하여 그대로 판매하기 때문에 음식점보다 공헌이익률이 낮다. 내 부업 중 하나인 와인 가게를 예로 들어보도록 하겠다.

나는 친구와 함께 작은 와인 가게를 운영하고 있다. 대부분 유럽과 미국, 칠레 등에서 수입한 와인인데, 국산 와인도 일부 구비해두었다. 가게 규모가 작아 세계 각지와 직접 소통하는 데 한계가 있어 국내 무역업체를 통해 와인을 구매한다. 따라서 매장 판매 가격과 매입 가격의 차이가 적다.

이 경우 변동비는 와인 매입 가격과 배송료 등 부대 비용을 합친 금액이다. 공헌이익률은 상품에 따라 다르지만 전체적으로 대략 20% 내외라고 하자. 즉, 상품 판매가의 80%를 와인값과 부대 비용이 차지한다. 고정비는 가게 월세 100만 원, 인건비 300만 원, 각종 공과금 50만 원, 잡비 150만 원 등 총 600만 원이라고 가정하자.

손익분기점은 고정비 총액을 공헌이익률로 나누어 계산할 수 있다. 공헌이익률은 회수할 수 있는 최대 이익률을 나타낸다. 다시 말해, 매출 가운데 고정비를 회수할 수 있는 비율이다. 따라서 고정비 총액을 공헌이익률로 나누면 손익분기점 매출액을 산출할 수 있다. 와인 가게를 예로 계산해보면 다음과 같다.

600만 원 ÷ 0.2 = 3천만 원

한 달에 3천만 원 매출을 올려야 손익이 0에 도달한다.

고정비 총액은 드래곤라멘과 동일한데, 대략 3.5배의 매출이 없으면 손실이 발생한다. 확인해보자.

3천만 원 × 0.2 - 600만 원 = 0

검산을 통해 계산이 맞았음을 알 수 있다.

라멘 가게보다 와인 가게가 경영하기 어려울까?

언뜻 보면 와인 가게는 라멘 가게보다 손익분기점이 높아 경영하기 어려워 보인다. 하지만 꼭 그렇지만도 않다. 와인은 수십만 원 하는 상품도 많고, 객단가가 라멘 가게보다 크기 때문이다. 1만 원대 상품도 많지만 5만 원 가까이하는 상품도 잘 팔린다. 여기서는 객단가를 4만 원으로 잡아보자.

그러면 손익분기점에 도달하는 데 필요한 고객 수는 다음과 같다.

3천만 원 ÷ 4만 원 = 750명

라멘 가게보다 적은 손님으로도 가게가 지속될 수 있음을 알 수 있다. 단, 같은 와인이라도 입지와 매장 스타일에 따라 팔리는 상품이 다르다. 마트에서는 저렴한 상품이 인기가 많고, 전문점에서는 상대적으로 고가의 와인이 잘 팔린다.

이처럼 손익분기점은 사업의 특성에 따라 달라진다. 박리다매를 목표로 할지, 판매 기회가 적어도 공헌이익액이 큰 상품을 취급할지 등

와인 가게의 손익분기점

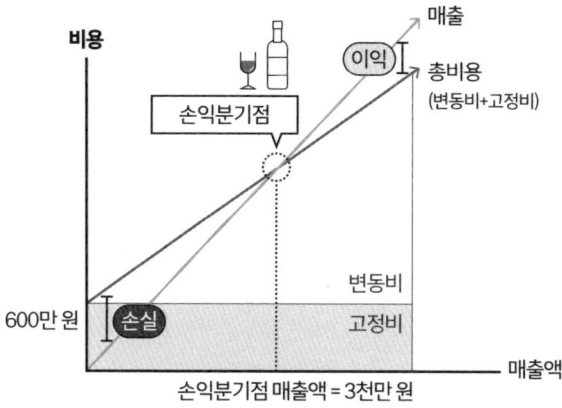

이익을 획득하는 방법은 천차만별이다. 관리회계를 잘 활용하여 실패를 피하면서 자신의 사업을 탄탄하게 키워나가도록 하자.

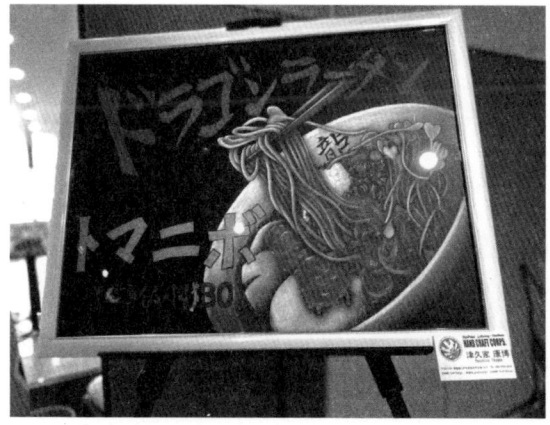

04
이익이 나는 라멘 가게 만드는 방법
지속적으로 이익을 내려면 어떻게 해야 할까

자, 여기까지 읽었다면 라멘 한 그릇에서 이익이 나오는 구조와 장사를 지속하는 방법을 이해했을 것이다. 지금까지 배운 내용을 정리해보자. 이익을 내기 좋은 라멘 가게는 어떤 곳일까?

음식점은 종합격투기

이제 정답이 무엇인지 감이 잡혔을 것이다. 그렇다. 정답은 '모르겠다'다. 한 음식점 주인이 "음식점은 종합격투기다"라고 말한 적이 있는데, 아직도 기억에 남는다. 좋은 음식을 개발하는 것이 아니라 많이 팔아서 돈을 남기는 것이 핵심이기 때문이다. 그러려면 접객과 위생 관리 수준을 높여야 하고, 많은 사람이 가게를 찾아오도록 홍보 전략을 잘 짜야 한다.

한편, 이익을 내기 어려운 라멘 가게의 형태는 좀 더 알기 쉽다. 원가율이 높고 손님이 적은 가게는 이익을 내기 어렵다. 양이 푸짐해 재료비가 많이 드는 지로계 라멘은 한 그릇당 공헌이익이 다른 라멘보다 적은 경향이 있다. 따라서 줄을 설 정도가 아니면 고정비를 커버할 만큼의 공헌이익을 확보할 수 없다. 고정비가 많이 들지만 손님이 적은 가게 역시 이익을 내기 어렵다.

가게를 시작할 때는 인테리어비와 설비비 등이 든다. 감옥 콘셉트의 레스토랑, 수족관이 있는 라멘 가게 등 독특한 콘셉트로 사람들의 이목을 집중시키는 가게가 꽤 많다. 콘셉트가 주목을 끌면 고객 유치로 이어진다. 음식점 주인이 되면 물론 법률이나 계약에 따른 제약은 있지만 대부분의 것을 스스로 결정해야 한다.

정해진 범위 내라면 어떤 메뉴를 내놓을지는 주인 마음이다. 내부와 외부 인테리어는 물론이고 매장의 콘셉트도 스스로 결정할 수 있다. 말 그대로 '내 집'이라는 느낌이다. 그렇기 때문에 가게 주인의 취향과 소신을 철저하게 고수할 수도 있다.

또 지금은 국가 차원에서 창업을 지원하는 다양한 제도가 있어 창업 대출을 받기가 매우 쉽다. 아무런 경험이 없지만 음식점을 개업할 때 1억 원 가까운 대출을 받은 사람도 있다.

어떻게 해야 초기 비용을 회수할 수 있을까

초기 투자에 들인 돈은 사업을 통해 회수해야 한다. 투자한 자산은 내용연수에 따라 '감가상각'을 하는 고정비가 된다.

내용연수란 간단히 말해, 사용할 수 있는 기간을 말한다. 설비와 건물은 서서히 노후되어 언젠가는 교체해야 한다. 가치가 조금씩 감소하기 때문에 사용할 수 있는 기간으로 나누어 경비로 처리할 수 있다.

초기 투자를 한 설비 비용은 감가상각 기간에 가까운 연수에 상환하게 된다. 자동차 대출을 생각하면 이해하기 쉬울 것이다.

초기 투자를 많이 한 가게는 고정비가 많이 들어 손익분기점이 올라간다. 근사한 콘셉트로 문을 열었는데 찾아오는 손님이 적으면 오랜 기간 유지하기 어려울 수도 있다.

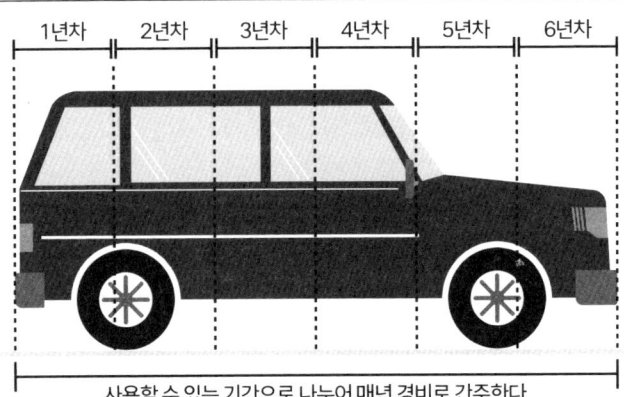

고정비의 감가상각이란?

사용할 수 있는 기간으로 나누어 매년 경비로 간주한다.

PDCA 사이클이 중요한 이유

경영은 규모와 상관없이 계획, 실행, 평가, 개선의 연속이다. 특히 소규모 사업은 경영이 불안정하기 때문에 계획대로 되지 않으면 신속하게 대응해야 한다.

라멘 가게도 순조롭게 이어지던 손님들의 발길이 어느 날 갑자기 확 줄어드는 일이 드물지 않게 일어난다. 인근 상권의 매력도가 떨어졌다거나 갑자기 기온이 상승하는 등 원인은 다양하다. 이유를 전혀 짐작하지 못하는 경우도 있다.

그렇다 해도 가게를 운영하는 한, 이러한 사태를 헤쳐나가야 한다. 신메뉴를 도입하고 서비스를 향상하는 등 다양한 방식으로 하루하루 극복해나가야 한다.

아무것도 하지 않는데 손님이 저절로 늘어나는 일은 별로 없다. 항상 손님을 끌어모으기 위한 새로운 방법을 생각하고 실행해야 한다. 나는 무더운 여름날에는 빙수 그릇을 준비해 서비스로 미니 빙수를 제공했다. 비가 내려 고객 수를 예상할 수 없는 날에는 무료로 토핑을 제공하기도 했다.

사업은 늘 예측한 대로 흘러가지 않는다. 생각만큼 효과가 나지 않으면 깊이 고민해 전략을 다시 짠 뒤 실행에 옮겨야 한다.

이런 일련의 과정이 바로 PDCA 사이클이다. 계획을 세우고 Plan, 실행하고 Do, 효과를 평가하고 Check, 개선하는 Act 것이 일상이다. 새로운 시도와 오류를 반복하면서 날마다 성장을 향해 노력해야 한다. 평범한

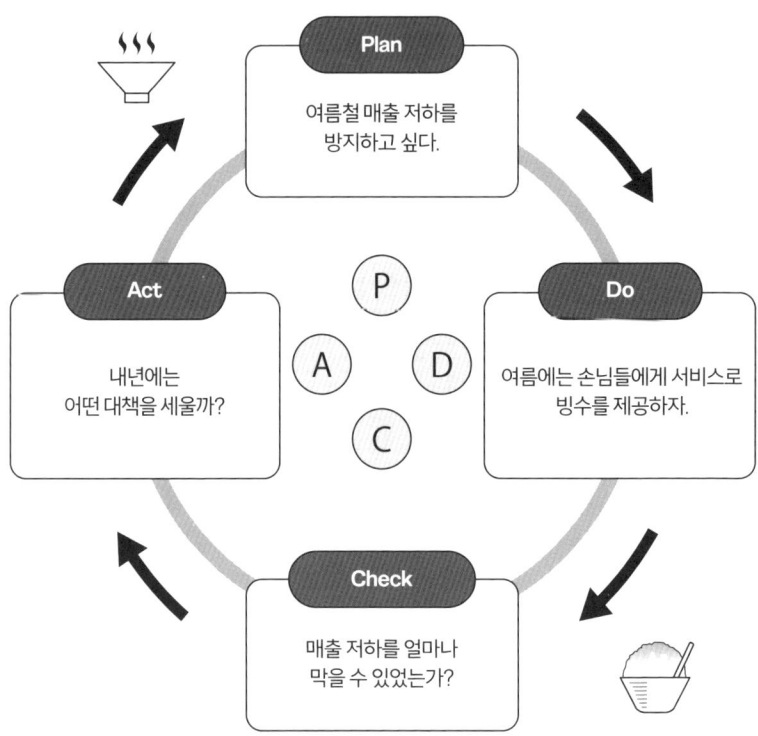

라멘 가게라면 때로는 지로계 등 특성이 다른 메뉴에 도전해 가게가 계속 노력하고 있음을 보여줄 필요가 있다.

관리회계는 경영을 이끄는 이정표

계획을 세우거나 평가할 때 회계 자료가 없으면 올바른 방향으로 나아갈 수 없다. 번화가에서 손님이 줄을 서는 가게를 지향할 것인지, 손님이 적어도 굴러가는 동네 중국집 스타일을 지향할 것인지, 그 어디에도 없는 새로운 맛으로 마니아들의 입소문을 노릴 것인지 등 라멘 가게에도 다양한 전략이 존재한다.

비즈니스에서 상품과 전략의 조합은 무한하다. 야생의 숲처럼 환경에 적응한 기업은 살아남고, 시대에 뒤처진 기업은 자금이 바닥나 퇴출당한다.

정보기술의 발전으로 시대가 변화하는 속도가 나날이 빨라지고 있다. 관리회계를 이용해 환경과 시대의 변화를 따르고 비즈니스라는 황야에서 살아남도록 하자.

칼럼 드래곤라멘 개업 이야기 ②
멸치 베이스로 메뉴를 짜다

드래곤라멘의 메뉴는 멸치를 베이스로 만들었다. 내가 멸치를 사용한 가장 큰 이유는 단순히 좋아하기 때문이었다. 부족한 점이 많았지만 손님이 식사를 마친 뒤 "정말 맛있게 잘 먹었어요"라고 말해줄 때마다 얼마나 뿌듯했는지 모른다. 이는 회계사 업무를 할 때 "감사합니다"라는 말을 들을 때와는 완전히 다른 기쁨이었다.

내가 멸치를 사용한 또 다른 이유는 조리 시간이 짧기 때문이었다. 부업으로 가게를 운영했기에 긴 시간을 내기 어려웠다.

돼지뼈를 이용한 라멘 가게의 풍경을 떠올려보자. 큼지막하게 토막 낸 뼈를 영업시간 내내 끓여야 한다. 돼지뼈와 사골은 단단하기 때문에 감칠맛이 날 때까지 끓이려면 상당한 시간이 걸린다. 10시간 이상 국물을 끓이는 음식점도 매우 많다.

그에 비해 멸치나 가다랑어포를 사용해 국물을 내면 상대적으로 시간이 절감된다. 내용물의 크기가 작아 끓이자마자 내부로 열과 물이 전달된다. 드래곤라멘의 경우 2시간 정도면 육수를 완성할 수 있었다.

가게 영업시간은 오전 11시부터 오후 2시까지였다. 시청 근처인데도 인적이 드물고, 저녁 이후로는 사람을 찾아보기 어려워 밤에 영업해 매출을 맞추기는 어려운 환경이었다. 그래서 낮에만 영업을 한 것이다.

또한 재료 매입은 오전 9시부터 하고, 오후 3시면 가게를 정리했기 때문에 가게에 머문 시간은 6시간뿐이었다. 사정이 이렇다 보니 고기 뼈를 베이스로 만든 국물을 지속적으로 제공하기 어려웠다.

물론 돼지뼈로 육수를 만든 돈코츠 라멘을 꼭 판매하고 싶다면 시중에 판매하는 육수를 사용해도 된다. 하지만 외부에서 만든 국물은 어디에서든 먹을 수 있으므로 굳이 드래곤라멘에서 사용할 필요는 없다고 생각했다.

나 역시 어떤 가게에 방문했는데 외부에서 들여온 국물이라는 사실을 알면 실망감에 다시는 방문하지 않을 것 같다. (의외로 외부에서 판매하는 국물을 사용하는 가게가 많다.) 그래서 나는 모든 국물을 매일매일 직접 만들었다.

메인 메뉴는 네 가지로 좁혀서

드래곤라멘의 메인 메뉴는 진한 멸치, 담백한 간장, 멸치100, 토마니보, 이렇게 4종류였다. 작업 시간 제약과 원재료비를 고려한 선택이었다.

사실 매출을 생각해 메뉴를 더 늘리고 싶었다. 볶음밥이나 만두 등 사이드 메뉴도 충실하게 갖추고, 가능하면 주류도 판매하고 싶었다.

앞서 동네 중국집 이야기(82쪽 참고)를 할 때 잠시 언급했듯 주류는 원가율이 낮은 메뉴이면서 객단가 상승에도 기여하므로 가게 입장에서는 참 매력적인 상품이다. 하지만 드래곤라멘은 공공시설 내부에 있다는 장소 제약이 있었고, 낮에만 영업을 해 주류를 판매하기가 쉽지 않았다.

이는 나의 단점이기도 하다. 아무래도 직업상 위험을 피하려는 성향이 튀어나오곤 한다. 비즈니스를 키우려면 투자를 통한 성장이 필수적이지만 나는 안정성을 더욱 선호한다.

그 결과가 4개로 좁힌 메뉴였다. 이것들은 대체로 국물 재료가 겹쳤다. 닭을 제외하고는 멸치, 가다랑어포, 생선가루 등 건어물이 대부분이었다.

보관 장소를 차지하지도 않았다. 대부분 장기 저장이 가능한 재료였기에 재고 위험도 적은 편이었다. 이는 손님이 예상보다 적어도 큰 손실을 낼 가능성이 적다는 의미다.

물론 이러한 선택이 좋은 것만은 아니었다. 메뉴가 다양해 이것저것 골라 먹을 수 있는 가게를 선호하는 손님도 많았기 때문이다. 또한 어르신과 어린이를 대상으로 한 메뉴가 없어 가족 단위 방문을 주저하는 사람도 있었다.

경영자라면 위험을 감수하고 성장의 가속페달을 밟을 필요도 있다. '사' 자가 붙은 직업은 리스크가 매우 낮은 업종이어서 나에게는 그런 경험이 부족하다. 앞으로 더욱 많은 경험을 쌓아 성장하고 싶다.

3장

라멘 가게의 효과적인 '돈 사용법'

01
고기는 변동비, 임대료는 고정비
최종적으로 돈을 남기려면?

 예상치 못한 일은 언제든 일어날 수 있다. 예를 들어 코로나19는 지방 음식점에도 큰 피해를 주었다. 하치노헤시는 아오모리현에서 두 번째로 큰 도시이지만 감염자는 도쿄나 오사카 등과 비교하면 훨씬 적었다. 그럼에도 주변에서 '누가 코로나19에 감염되었다더라'와 같은 말이 계속해서 들려왔다. 코로나19에 감염되면 일을 쉬어야 했다. 모임을 하는 사람들이 확연히 줄었고, 자연스럽게 외식을 하지 않는 분위기가 형성되었다.

 인구가 많은 다른 지역과 다르게 하치노헤시는 긴급 사태 선포 대상이 되는 일이 별로 없었다. 긴급 사태 선포 대상이 되지 않으면 지원금이 나오지 않았기 때문에 고객 수는 줄고 보상도 받지 못하는 고통스러운 상황이 발생했다. 이러한 상황으로 인해 경영 체력이 약한 개인 가게들은 하나둘 문을 닫았고, 점차 호텔 같은 대규모 시설들도 문을 닫았다.

'예상 밖의 일'은 언제나 일어난다

이러한 상황이 발생할 것이라고 예상한 사람이 있을까? 이 상황을 시뮬레이션해 구체적인 대책을 세운 사람이 있을까?

더 이상 이러한 일이 일어나지 않기를 바란다. 하지만 어떤 사업이든 예상 밖의 일은 반드시 찾아오고, 생각보다 자주 일어난다. 그때마다 상당수의 경영자가 고뇌하며 생존을 위해 몸부림친다. 경영 체력이 약한 기업은 타격을 견디지 못하고 결국 문을 닫는다.

다시 말하지만, '돈을 번다'라는 것은 최종적으로 수중에 돈이 남는 것을 말한다. '벌 수 있는 힘＝자금력'이 있으면 만일의 경우 실행할 수 있는 선택의 폭이 넓다.

1장에서 언급한, 모든 일을 감으로 결정하는 '주먹구구라멘'의 사장 S씨와 관리회계를 제대로 도입하여 가게를 운영하는 '확실히라멘'의 사장 A씨를 떠올려보자. 매출 규모가 같아도 경영 관리를 제대로 하면 수중에 돈을 더욱 많이 남길 수 있다는 사실을 깨달았을 것이다.

주먹구구식으로 경영을 하다 보면 수중에 돈이 남지 않는다. 그럴 경우, 설비가 고장 나거나 차를 바꿔야 하거나 큰돈이 필요하면 대출을 받아 대응을 하는 경우가 많다.

그에 반해, 관리회계를 기초로 경영을 관리하면 설비 교체 시기까지 얼마를 모아야 하는지 구체적인 숫자를 파악할 수 있다. 지출에 대비해 장기적으로 이익을 적립하고, 어느 정도 돈이 남아 있는 상태를 늘 유지할 수 있다.

관리회계로 예상 밖의 일에 대응하라

예상 밖의 일은 갑자기 닥친다. 닥친 일의 성격에 따라 영향을 받는 업종이 다르지만, 어느 업종이든 예상 밖의 일이 갑자기 발생하면 타격을 받지 않을 수 없다.

긴급 사태가 일어났을 때 살아남기 쉬운 사람은 당연히 '확실히라멘'의 사장 A씨다. '주먹구구라멘'의 사장 S씨는 수중에 돈이 별로 없으니 며칠만 매출이 없어도 지급 불능 사태에 빠질 수도 있다.

A씨는 이익을 적립해 관리하기 때문에 매출이 오르지 않아도 모아둔 돈으로 급한 건을 처리할 수 있다. 또한 매출이 회복되지 않을 경우의 자금 사정을 예측할 수 있어 미리 대출을 받아 대책을 세울 수도 있다. 긴급 상황이 발생하면 국가나 지자체로부터 보상을 받는 경우도 있지만 돈을 받기까지 절차를 거쳐야 하므로 상당한 시간이 걸린다.

돈은 기업의 혈액에 비유된다. 혈액이 없어지면 사업을 지속해나갈 수 없다. 잉여 자금이 적은 것은 빈혈 상태로 활동하는 것과 같다.

고정비를 낮춰 공헌이익을 늘리면 이익이 난다?

그렇다면 이익을 내기 쉽고 돈을 남기기 쉬운 사업은 어떤 것이 있을까? 앞서 여러 차례 언급했지만 복습한다는 생각으로 다시 살펴보자.

매출이 손익분기점을 넘으면 이익이 발생해 돈이 남는다는 것은 이제 머릿속에 새겨졌을 것이다. 손익분기점을 조사하려면 비용을 변동비와 고정비로 나누어 분석해야 한다는 것도 기억할 것이다. 그리고 라멘 가게의 경우 변동비는 고기와 면 등의 재료비, 고정비는 임대료와 인건비 등이었다.

매출에서 변동비를 뺀 것은 무엇이었을까? 그렇다. 바로 공헌이익이다. 라멘 한 그릇을 팔려면 반드시 한 그릇 분량의 재료가 필요하다. 따라서 한 그릇의 가격에서 재료비를 뺀 나머지가 이익에 공헌한다. 그래서 남은 부분을 '공헌이익'이라고 부르기도 한다.

그렇게 누적된 공헌이익과 고정비가 일치하는 점이 손익분기점이다. 고정비를 커버할 수 있는 공헌이익이 있다면 그 이상은 변동비만 지급하면 되기 때문에 공헌이익 증액분이 고스란히 수중에 남는다. 따라서 손익분기점을 웃도는 부분의 매출로 얻은 공헌이익이 이득이 된다.

여기서부터가 중요하다. 앞서 배운 내용을 근거로 차분히 생각해보자. 이익을 많이 남기려면 어떤 조건이 필요할까? 우선 고정비를 낮추어야 한다. 고정비가 낮아야 손익분기점도 낮아지기 때문이다. 월세를 낮추거나 사람을 고용하지 않는 등의 대책을 생각할 수 있다.

또 다른 방법은 공헌이익을 늘리는 것이다. 공헌이익이 많으면 손

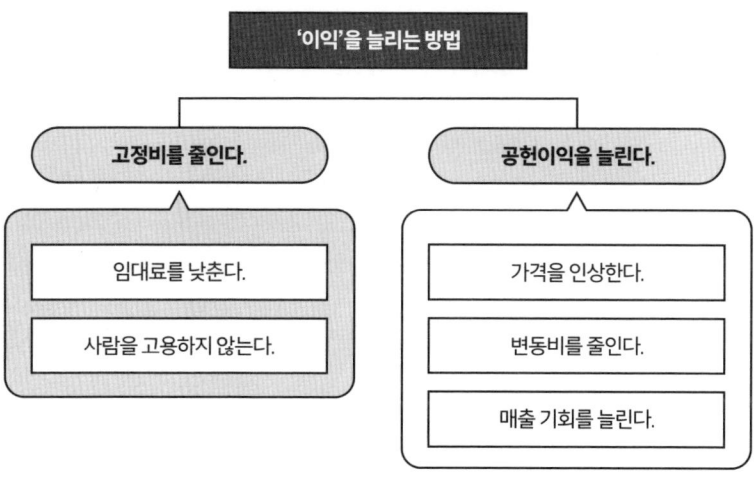

익분기점을 넘기기 쉽다. 공헌이익을 늘리는 방법은 크게 세 가지다.

첫 번째는 가격을 인상하는 것이다. 라멘으로 비유하면 재료비는 변함이 없는데 판매 가격을 인상하면 한 그릇의 공헌이익이 늘어난다.

두 번째는 변동비를 줄이는 것이다. 가격을 그대로 두더라도 재료 매입 가격이 떨어지면 변동비의 비율이 낮아져 공헌이익률이 올라가 이익을 내기 쉽다.

세 번째는 매출 기회를 늘리는 것이다. 줄을 서는 가게는 고객 수가 많아 공헌이익이 적어도 고정비를 초과할 수 있어 이익을 확보할 수 있다. 점주 혼자 영업하는 등 인건비가 늘지 않는다면 영업시간을 연장하여 고객 수를 늘리는 방법도 있다.

최종적으로 돈을 벌기 좋은 라멘 가게는?

앞서 언급한 내용들을 정리하면 '돈을 벌기 좋은 라멘 가게'는 이런 느낌이다.

① 저렴한 외국산 재료를 사용한다.
② 면과 국물의 양이 적다.
③ 임대료가 싼 지역에 위치해 있으며, 규모가 매우 작다. 주차장은 없거나 매우 좁다.
④ 점주 혼자 요리, 손님 응대, 정리 등 모든 일을 처리한다.
⑤ 오전 6시부터 새벽 1시까지 영업한다.
⑥ 유료 홍보는 절대 하지 않는다. 입소문과 무료 홍보 툴만 이용한다.
⑦ 무료 와이파이 등 부대 서비스를 제공하지 않는다.

자, 어떤가. 이런 가게는 한 푼도 벌지 못할 것 같지 않은가? 고객만족도가 결코 좋을 리 없다. 맛집 사이트 리뷰에 별 1개가 주르륵 달릴 가능성이 크다. 호기심에 한 번쯤 방문하는 사람이 있을 수는 있지만, 재방문 가능성은 극히 적을 것이다.

어디에 비용을 들일지 철저히 생각하라

재료비에 돈을 들이면, 즉 품질을 향상시키면 변동비가 증가한다. 라멘의 양을 늘려 고객만족도를 높여도 마찬가지다. 한 그릇당 공헌이익이 줄어든다.

눈에 띄는 장소에 가게를 차리면 임대료가 비싸다. 손님을 기다리게 하지 않기 위해, 최상의 서비스를 제공하기 위해 직원을 고용하면 인건비가 든다. 가게를 홍보하기 위해 간판을 설치하면 광고비가 발생한다. 모두 고정비가 들기 때문에 손익분기점이 올라간다.

이것들을 분석하고 필요한 부분에 비용을 들여 결과적으로 이익을

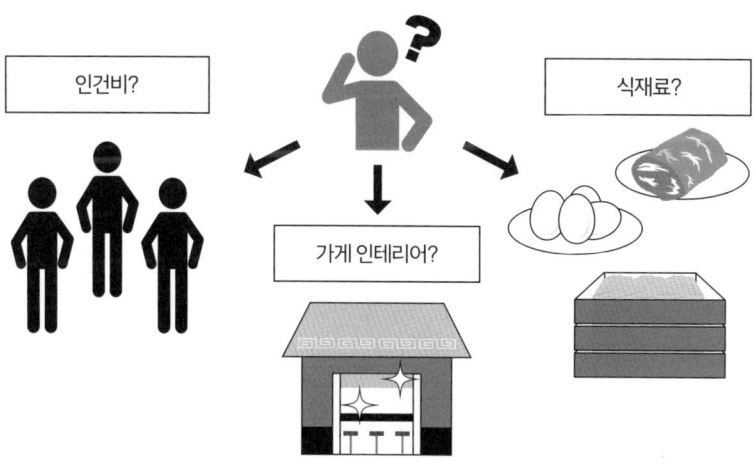

비용을 들일 부분을 파악하자!

확보하는 것이 사업의 본질이다. 상품력을 높여 가격을 올릴 것인지, 고객 편의성을 높여 판매 기회를 늘릴 것인지 등 전략은 천차만별이다.

시장 참여자가 많은 비즈니스는 당연히 경쟁이 치열하다. 음식점이 금방 문을 닫는 것은 주변에 유사한 가게가 많아서, 즉 선택지가 많기 때문이기도 하다.

어떤 사업이든 이길 수 있는 장소에서 이길 수 있는 전략을 세워야 한다. 이것이 바로 사업을 지속해나갈 수 있는 방법이다.

02
완벽하게 손해 보는 재고 손실
날씨에 따라 고객 수가 달라지기도 한다

나는 학창 시절에 편의점 아르바이트를 한 적이 있다. 편의점 사장님은 폭우가 쏟아지는 날이면 무척이나 초조해했다. 편의점은 공장이 즐비한 도로변에 위치해 있었다. 평소에는 낮 12시가 되면 사람들이 몰려들어 선반에 있는 음식이 불티나게 팔려나갔다. 12시 30분 정도면 주먹밥과 샌드위치가 품절이 되는 경우가 많았다.

하지만 비가 내리면 그런 광경은 온데간데없어졌다. 12시가 넘어도 방문하는 사람은 그다지 많지 않았고, 2시가 넘었음에도 도시락과 주먹밥이 선반에 놓여 있었다. 비가 며칠씩 내리면 식품들의 유통기한이 만료되어 사장님은 머리를 싸매고 줄담배를 피웠다.

그런 날이면 사장님은 유통기한이 지난 식품들을 내게 잔뜩 챙겨

주었다. 가난한 학생이었던 나에게는 매우 고마운 선물이었다. 그래서 비가 내리면 사장님께는 참 죄송하지만 '오늘은 어떤 도시락을 받을 수 있을까?'라는 기대감을 안고 퇴근 시간을 기다렸다.

날씨, 얼마나 신경 써야 할까?

그로부터 약 20년이 지난 후에 나도 라멘 가게 사장이 되었다. 아침에 눈을 떴는데 비가 내리면 한숨이 절로 나오며 기분이 우울해졌다. 드래곤라멘이 위치한 하치노헤시의 공회당은 주차장이나 시청에서 걸어가야 해서 비가 내리면 손님이 확연히 줄어들었다.

그런 날의 매출은 다른 날과 비교했을 때 반토막을 기록하는 경우가 많았다. 그런데 인건비와 임대료는 꼬박꼬박 내야 했기에 비가 내리는 날은 적자로 하루를 마무리해야 했다.

반면 옷 가게나 문구점 주인은 음식점 사장만큼 우울하진 않을 것이다. 상품을 버리지 않고 다음 날에 팔면 되니 말이다. 하루 이틀 손님이 줄었다고 해서 상품이 상하거나 유행에 뒤처지진 않는다.

하지만 음식점은 특유의 엄격함이 있다. 비가 내리는데도 손님이 맑은 날처럼 많이 찾아올 수도 있어 더욱 판단하기 어렵다. 비가 내리는데도 불구하고 일부러 찾아왔는데 음식이 다 떨어졌다면 다시는 방문하고 싶은 마음이 들지 않을 수도 있다.

그러니 손님이 실망하지 않도록 평소와 같은 양을 만들어야 한다.

만약 손님이 줄면 국물과 토핑이 많이 남을 수도 있다. 그러면 남은 식재료는 냉장고에 보관해야 하는데, 오래가지 않는다. 특히 국물은 시간이 지나면 풍미가 사라져 손님에게 내놓을 수 없다. 고기 역시 시간이 지나면 맛이 떨어지기 때문에 오랫동안 저장하는 것은 불가능하다. 결국 며칠 동안 허탕을 치면 재료들을 쓰레기통에 버릴 수밖에 없다. 모두 돈을 들여 준비한 것이기에 그런 날이 계속되면 당연히 기분이 좋지 않다.

직원은 가게가 문을 닫지 않는 한, 손님이 많든 적든 똑같은 월급을 받는다. 반면 주인은 재고를 버리면 돈을 버리는 것과 같은 타격을 받는다. 지금은 20년 전 편의점 사장님의 마음이 너무나 이해가 된다.

장사의 4원칙

기업가 호리에 다카후미는 '장사의 4원칙'으로 다음 네 가지를 꼽았다.

① 이익률이 높다.
② 재고가 없다.
③ 정기적으로 일정한 수입이 있다.
④ 소자본으로 시작할 수 있다.

이 원칙들이 음식점에도 잘 들어맞는지 하나씩 검증해보자.

① 이익률이 높다.

이익률이 높은 장사는 원가가 없거나 낮다. 작가나 '사' 자가 붙은 직업은 서비스를 제공할 때 변동비가 없고 원가가 거의 0이므로 이에 해당한다. 반면 음식점의 원가율은 30% 정도이며, 소매점의 경우 원가율이 더 높다.

② 재고가 없다.

대부분의 서비스업은 재고가 없다. 심부름센터, 가전제품 수리업체 등도 재고를 둘 필요가 없다. 그러나 라멘 가게는 재료가 없으면 조리를 할 수 없으므로 큰 냉장고에 적어도 당일에 사용할 재료를 보관해야 한다.

③ 정기적으로 일정한 수입이 있다.

인터넷 서비스 보급으로 정기적으로 수입을 얻을 수 있는 사업이 급속히 증가하고 있다. 넷플릭스, 아마존 프라임 등의 구독 서비스가 대표적인 예다. 또한 세무사, 변호사 등과의 고문 계약도 그런 서비스에 해당한다. 정기적인 수입이 있으면 매출을 예측하기 쉬우므로 경비 예산을 짜기 수월하고, 적극적인 홍보 전략을 실행할 수 있다. 반면 음식점은 비가 내리기만 해도 손님이 절반으로 줄어드는 등 변수가 매우 많다.

④ 소자본으로 시작할 수 있다.

가게나 사무실이 없는 인터넷 서비스는 소자본으로 시작할 수 있다. 수요가 점점 증가하고 있는 동영상 편집과 프리랜서 프로그래머도 컴퓨터만 있으면 곧바로 일을 시작할 수 있다. 고급 기자재를 고수하지 않는다면 1천만 원 이하로도 창업이 가능하다. 나는 드래곤라멘을 시작할 때 임시 매장을 사용했고, 기자재로 매입한 것은 키오스크뿐이었다. 다른 음식점과 비교하면 적게 든 편이긴 하지만, 어쨌든 개업을 할 때는 어느 정도의 돈이 들 수밖에 없다. 인테리어를 한 뒤 개업하는 음식점은 초기 투자금이 1억 원 이상인 경우도 드물지 않다.

인터넷 서비스가 음식점보다 돈을 많이 번다고?

지금까지 살펴본 장사의 4원칙은 이익을 내는 조건으로 매우 타당하다. 이를 충족하면서 매출을 확보할 수 있다면 틀림없이 이익을 남길 수 있다. 경비가 거의 들지 않아 매장에 화재가 나거나 기자재가 고장 나는 등 예상 밖의 사태도 거의 발생하지 않기 때문이다.

덧붙여 이 조건에 해당하는 인터넷상의 비즈니스는 이른바 '정보 상품재 비즈니스'로 분류된다. 정보 상품으로 매출을 계속 확보하기란 생각보다 쉽지 않다. 그런 상품들은 대부분 가치가 의심스럽다.

가치가 없는 상품은 일시적으로는 잘 팔릴 수 있지만 신뢰도가 낮아 재구매율이 높지 않다. 따라서 지속적으로 매출을 얻기는 어려울 것이다.

인터넷을 하다 보면 '쉽고 편하게 돈 버는 법을 알려드립니다!', '클

릭 한 번이면 당신의 계좌에 돈이 입금됩니다', '누구나 컨설턴트가 되어 어마어마한 수입을 올릴 수 있습니다'와 같은 홍보 문구를 쉽게 접할 수 있다. 과연 사실일까? 절대 그렇지 않다. 이 세상은 그렇게 달콤하지 않다. 이것들은 가치가 없는 정보다.

결국 음식점은 하지 않는 것이 좋을까

장사의 4원칙 관점에서 음식점을 생각하면 음식점은 정말 어려운 사업이다. 원칙들이 하나도 들어맞지 않는다.

실제로 내가 가게를 시작하고 1년 이내에 인근에 있던 라멘 가게들이 차례로 문을 닫았다. 내가 알고 있는 곳만 다섯 군데다. 인구가 22만 명에 불과한 하치노헤시에서도 이러한데 범위를 더 넓히면 어떨까. 아마도 엄청난 수의 가게가 문을 닫았을 것이다. 그리고 비슷한 수의 가게가 문을 열었을 것이다.

'리스크가 크니 음식점은 하지 않는 게 좋다'라고 말하고자 하는 것이 아니다. 사람마다 가치관과 행복의 크기가 다르다.

나는 아무리 돈을 많이 번다 해도 정보 상품 사업처럼 지식이 없는 사람들을 속여 큰돈을 벌고 싶진 않다. 그보다는 한 그릇당 남는 돈은 얼마 되지 않지만 라멘을 열심히 만들어 맛있게 먹었다는 말을 듣는 것이 더 행복하다.

그래도 사업이 잘되지 않으면 인생이 망가질 가능성도 있다. 내가 말하고 싶은 것은 '리스크를 올바르게 평가해 큰 실패를 하지 않도록 하라'라는 것이다. 그러니 관리회계를 잘 공부해 자신의 경영에 충분히 활용하기 바란다.

03

매출이 없어도 임대료는 변하지 않는다
사실은 무서운 고정비 이야기

2021년 8월 29일 오후 2시, 동네 공원에서 아이들과 놀고 있는데 휴대폰 벨소리가 울려 퍼졌다.

갑작스러운 휴업 요청

시 담당자에게서 한 통의 전화가 걸려왔다. 그는 내게 이렇게 말했다.

"공회당을 9월 한 달간 닫게 되었으니 가게도 영업을 중지해주시기 바랍니다."

사실 어느 정도는 예상하고 있었다. 그해 8월 중순부터 아오모리현에서도 코로나19 확진자가 급증했기 때문이다. 내 주변에서도 코로나19 확진 판정을 받은 사람이 드문드문 나오기 시작했다.

"따라서 임대료는 2개월 동안 면제해드리겠습니다."

이 말을 들었을 때 머리가 어지러질했다. 자신과 놀아주지 않는다고 화가 난 큰아이의 목소리가 들렸지만 아이에게 곧장 달려갈 수 없었다. 휴업까지 이틀밖에 남지 않았다.

재고는 거의 손실이다. 우리 가게에서 받는 임금으로 생활비를 충당하는 아르바이트생도 있었다. 벌써 근무 시간표를 짜고 일정을 조정했으니 가게 문을 닫는다는 이유로 한 푼도 주지 않을 수는 없었다.

휴업을 해도 돈이 줄어든다

드래곤라멘의 고정비는 인건비, 매장 임대료, 주차장 임대료 등이었다. 고정비는 매장이 문을 닫아도 기본적으로 없어지지 않는다.

반대 상황에서 생각해보자. 공회당은 예외이지만 건물주도 금융기관에 대출금을 갚아야 하거나 재산세를 납부해야 한다. 가게가 문을 닫는다고 월세를 받지 않으면 건물주의 자금이 부족해져 대출금과 세금을 낼 수 없다. 그러니 임대를 준 가게의 상황과 상관없이 자금을 회수해야만 한다.

매장을 빌릴 때는 임차인과 임대인 사이에 임대차 계약을 맺는다. 계약서에는 각종 조건이 기재되며, 임차인은 점포를 사용한 대가로 임대료를 지급한다. 계약서에는 일반적으로 가게가 휴업하면 임대료가 면제된다는 조항이 적혀 있지 않다.

영업을 하지 못하면 그 달의 수입은 0원이다. 재료를 매입하지 않으니 변동비는 발생하지 않는다. 하지만 고정비는 변함없이 발생한다.

시 담당자는 내게 임대료를 면제해주겠다고 했으니 임대료는 그렇다 치고, 고정비와 재고 손실에 대한 금액은 내가 부담해야 했다. 아무런 보상이 없었다면 자기 부담 총액은 500만 원이 넘었을 것이다.

사람들이 많이 오해하고 있는데, 일본에서 긴급 사태 선포가 발령되지 않은 지역의 음식점은 그 어떤 혜택이나 영업 보상금을 받을 수 없다. 가끔 현이나 시 단위에서 200~300만 원 정도를 지원해주긴 하지만, 이 돈은 연간 1천만 원도 되지 않는다.

하치노헤시는 도쿄와 오사카 등의 대도시와 비교하면 코로나19 감염자가 발생한 시기가 짧았다. 그래도 사람들이 외출을 자제하는 분위기가 형성되어 그 영향으로 많은 음식점의 매출이 급감했다. 밤에 술을 판매하는 음식점은 코로나19가 발생하기 전과 비교했을 때 매출이 80% 하락한 곳도 많았다. 지방의 음식점 경영자들은 대부분 이러한 상황에 절망했다.

나는 아무것도 하지 않고 비용만 드는 상황을 피하고 싶어 필사적으로 시 담당자와 협상을 했다. 가게 문을 닫아도 비용이 든다는 점, 휴업 이유가 가게 잘못이 아니라는 점 등을 끈질기게 설명했다. 시간이 조금 걸리긴 했지만 다행히 내 주장이 받아들여져 어느 정도의 보상을 받을 수 있었다.

또한 휴업에 따른 보조금 수급도 신청했다. 아무것도 하지 않았다면 모든 비용을 내가 오롯이 부담해야 했을 것이다. 그런 상황에 처했다면 나 역시 엄청난 좌절감을 맛보았을 것이다.

투자는 균형 있게 하자

여기서 잠깐 복습을 하자. 고정비는 생산이나 매출이 늘어도 매월 지출액이 변하지 않는 항목이라고 했다. 임대료 외에 월급이나 일당, 정액 홍보비, 통신비 등이 대표적이다.

갑자기 한 달 동안 가게 문을 닫는 것은 극단적인 예지만, 매출이 갑자기 감소하는 일은 어느 업종에서나 있을 수 있다. 음식점의 주인이나 요리사가 질병 등으로 장기 입원을 하게 되면 어쩔 수 없이 가게 문을 닫아야 한다.

리먼 브라더스 사태가 일어났을 당시 내가 담당했던 화학 회사도 엄청난 영향을 받았다. 대부분의 제품은 법인용이었는데, 납품업체들이 생산량을 줄이면서 주문이 한꺼번에 사라졌다. 그 회사는 매우 안정적이어서 그때까지 적자를 기록한 적이 거의 없었지만 급격한 수주 감소로 매출이 크게 줄었다.

돌발적인 사건뿐 아니라 경쟁사의 등장으로 매출이 줄어드는 경우도 종종 있다. 또 매출의 대부분을 소수의 거래처에 의존하는 경우, 그 거래처와 계약이 종료되거나 거래처가 망하면 크게 타격을 받게 된다.

구체적인 내용은 다르지만 위기는 어느 기업에나 반드시 찾아온다.

만일의 경우에도 무너지지 않을 대책을 세워라

따라서 사업자는 만일의 경우가 발생해도 망하지 않도록 매출을 늘리기 위해 노력해야 한다. 그러기 위해서는 다양한 대책을 생각해야 한다.

라멘 가게를 생각해보자. 가장 먼저 떠오르는 대책은 상품의 질을 높이는 것이다. 더 맛있는 라멘을 만들기 위해 닭뼈 사용량을 늘리거나 차슈를 고급 브랜드 돼지로 바꾸면 재료비가 증가한다.

변동비가 증가하면 공헌이익이 줄어들기 때문에 이 경우 판매 가격을 올리지 않으면 제품의 개당 이익이 감소한다. 가격을 인상하지 않으면 공헌이익을 나타내는 직선의 기울기가 완만해져 품질을 올리기 전보다 라멘을 많이 팔아야 돈이 남는다.

그다음으로 생각할 수 있는 대책은 유료 광고를 진행하는 것이다. 라멘 가게의 경우 현지 미식 잡지에 광고 기사를 낼 수도 있고, 매장이 눈에 잘 들어오도록 큰 간판을 설치할 수도 있고, 디지털 사이니지로 음식 동영상을 내보낼 수도 있다. 매체에 따라 영향력이 다르지만 보는 사람이 많고 효과가 클수록 비용이 비쌀 것이다.

일반적인 광고는 계약을 맺으면 매출과 상관없이 일정한 비용을 지불해야 한다. 따라서 고정비가 오르고 총비용을 나타내는 직선이 위로 이동한다. 이 경우에도 변동비를 늘렸을 때와 마찬가지로 이전보다 매출을 늘려야 이익을 확보할 수 있다.

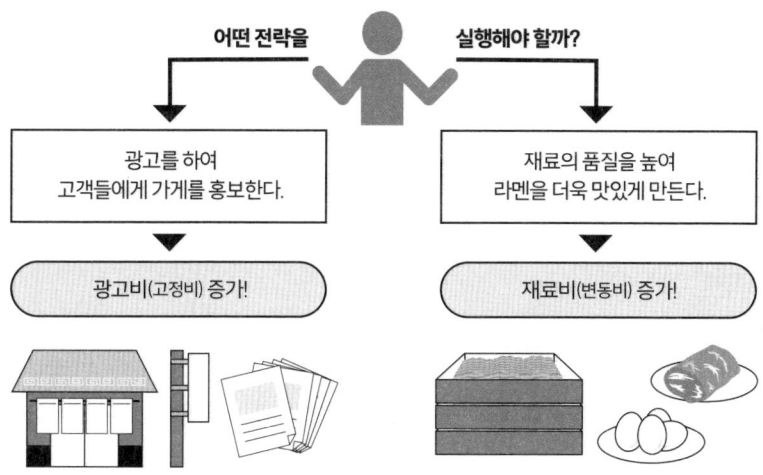

라멘을 예로 들면, 맛에 관한 평가가 높지 않고 품질에 문제가 있다고 판단되면 더 맛있는 라멘을 목표로 상품 자체를 개선해야 한다. 반면 맛은 있지만 가게가 방문하기 어려운 곳에 위치해 있다거나 가게를 아는 사람이 적다는 의견이 많으면 접근성이 높은 곳으로 이전해야 매출이 늘어날 가능성이 크다.

양자는 투자가 실패했을 때 받는 영향이 다르다. 변동비는 매출과 함께 늘어나기 때문에 장사가 잘되지 않아 매출이 늘지 않더라도 지출이 크게 늘지는 않는다. 반면 고정비는 매출에 상관없이 일정하므로 어떤 방안을 실행하면 무조건 지출이 증가한다.

어떤 장사를 하든 성장을 위한 투자를 피할 수는 없다. 실행 후 장단점을 잘 파악하여 적절하게 리스크를 관리하자.

04
고정비를 줄일 수 있는 방법
가장 쉬운 방법은 직접 일하는 것

나는 드래곤라멘을 운영하는 동안 음식점 운영은 보통 일이 아니라는 것을 매일매일 느꼈다. 가게를 열심히 홍보하지 않으면 손님이 찾아와 주지 않고, 계속해서 상품을 개발하지 않으면 손님들은 싫증을 내고 두 번 다시 방문하지 않는다.

직원도 쉽게 채용할 수 없다. 드래곤라멘은 '직원 친화적인 가게'를 지향했기에 나는 직원에게 절대 화를 내지 않았고, 갑작스러운 휴가 요청도 웬만해서는 받아들였다. 시급도 높은 편이었다. 그럼에도 금방 그만두는 사람이 많아 가게 앞에 항상 직원 채용 공지문을 붙여두어야만 했다.

음식점에 중요한 FL 비율과 FLR 비율

아무것도 하지 않으면 매출이 좀처럼 오르지 않으므로 수지 관리는 매우 중요하다. 일본에서는 음식점을 경영할 때 'FL 비율'이라는 지표를 중시한다. F는 Food, L은 Labor의 약자로, 각각 식재료비와 인건비를 말한다. FL 비율은 매출에서 식재료비와 인건비라는 두 가지 비용이 차지하는 비율을 말한다.

FL 비율 = (식자재비 + 인건비) ÷ 매출

음식점 비용은 이 두 가지가 대부분을 차지한다. 그 때문에 FL 비율을 적절한 수준으로 관리해야 안정적으로 경영을 해나갈 수 있다.

업종에 따라 다르지만 식재료비는 30% 정도로 억제하는 것이 바람직하다. 다만, 같은 음식점이라 해도 회전율이 높은 지로계 라멘도 있고, 숨은 맛집 풍의 카페도 있어 업태는 전혀 다르다.

예를 들어 주방과 홀을 각각 한 명이 관리할 수 있는 작은 프렌치 레스토랑은 객단가가 높고 인건비는 적기 때문에 식재료비를 넉넉히 사용할 수 있다. 반면 카페는 객단가가 낮고 포장 주문 위주가 아니면 회전율이 낮다. 좌석 수에 따라 식재료비를 억제하지 않으면 이익이 남지 않을지도 모른다.

업종에 따라 차이가 있지만 FL 비율은 60% 정도가 이상적이라고 한다. 그 이상이면 이익을 확보하기 어렵기 때문이다.

또한 대부분의 음식점은 매장을 임대해 영업을 한다. 월세는 매출의 10% 정도가 안정적인 경영을 가능하게 하는 수준이다.

식재료비, 인건비, 임대료가 매출에서 차지하는 비율을 'FLR 비율'이라고 부르기도 한다.

FLR 비율 = (식자재비 + 인건비 + 임대료) ÷ 매출

R은 Rent의 약자다. FLR 비율은 70% 정도로 억제하는 것이 바람직하다.

드래곤라멘의 FLR 비율

드래곤라멘을 예로 들어 설명하도록 하겠다. 드래곤라멘의 식재료비는 약 30%를 유지했다. 식재료비는 변동비이기 때문에 만드는 양에 따라 비용이 늘어난다. 재고 손실이 적으면 예상에서 벗어나는 경우가 별로 없다. 인건비와 임대료는 고정비다. 매출이 많으면 비율이 떨어지고, 적으면 비율이 올라간다.

드래곤라멘의 인건비는 100만 원, 임대료는 350만 원이었다. 가장 많았던 월 매출은 약 1,400만 원이었다. 이 경우, FLR 비율은 다음과 같다.

(1,400만 원 × 0.3 + 350만 원 + 100만 원) ÷ 1,400만 원 = 0.62%

월 매출 1,400만 원에서는 FLR 비율이 62%가 되어 충분히 이익이 남았다.

매출이 감소하면 FLR 비율도 빡빡해진다

이번에는 매출이 850만 원까지 감소한 달을 계산해보도록 하겠다.

(850만 원 × 0.3 + 350만 원 + 100만 원) ÷ 850만 원 = 0.83%

83%가 되어 그달은 적자가 났다.

FLR 외에 드는 비용

가게를 경영하면 앞서 언급한 것들 외에도 전기 요금과 가스 요금 등 각종 공과금과 조리기구 대금 등의 소모품비가 든다. 드래곤라멘은 이에 대한 금액을 매달 150~200만 원 정도 냈다.

역산해서 생각해보자. 각종 공과금 10%, 그 외 잡비 10%가 든다고 가정하자. 이 경우 10% 이상의 이익을 남기려면 FLR 비율은 70%가

한계가 되므로 그 수준에서의 관리가 필요하다.

안정적으로 가게를 경영하고 싶다면 변동비와 고정비를 재검토하여 손익분기점 매출을 낮추어야 한다. 다만, 극단적인 방법은 좋지 않다. 예를 들어 변동비를 낮추기 위해 육수를 낼 때 사용하는 멸치의 양을 절반으로 줄이고, 고기를 팔다 남은 것을 냉동한 특가 제품으로 바꾸고, 면을 직접 만들지 않고 마트에 파는 제품으로 바꾸면 맛의 품질이 뚝 떨어질 것이다.

그러면 가게는 어떻게 될까? 분명 손님들의 발길이 서서히 줄어들다 얼마 지나지 않아 문을 닫게 될 것이다.

손익분기점을 낮추는 것이 무조건 좋은 것은 아니다

고객들은 재료의 질을 떨어뜨리거나 양을 줄이는 등 품질과 관련된 비용 절감을 매우 민감하게 받아들인다. 적절한 원가 관리를 위해 조절을 해야 할 때도 분명 있지만, 갑자기 양을 반으로 줄이거나 식재료의 등급을 확 떨어뜨린다면 손님들은 그 가게에 다시는 발을 들이지 않을 것이다.

2010년대 후반부터 전 세계 식품 가격이 급등했다. 일본 업체들은 가격을 동결하되 내용물을 줄여 사실상 가격을 인상하는 움직임을 보였다. 하지만 곧바로 '용량이 줄어든 상품'을 정리한 사이트가 생겨 곱지 않은 시선을 받았다.

많은 고객을 상대할 수 있고 경영력이 있는 대기업이라면 그러한 일시적인 상황을 크게 신경 쓰지 않고 넘길 수 있다. 하지만 중소기업은 다르다. 그들은 대체로 자금 사정이 여유롭지 않다. 평판이 떨어져 매출이 감소하면 회사 자체가 기울어질 수도 있다.

따라서 되도록이면 품질에 영향을 미치지 않는 선에서 비용 절감을 고려해야 한다. 복사 용지 사용량을 줄이거나 사무실에서 사용하는 문구를 저렴한 것으로 바꾸는 등 작은 노력부터 해나가는 것이 좋다.

고정비는 '시간'을 사용하여 절감할 수 있다

첫 번째 타깃은 바로 인건비다. 임대료는 한 번 정해지면 변경하기 어려운 반면, 인건비는 야근을 줄이거나 아르바이트생을 줄여 조정할 수 있기 때문이다.

이용하는 서비스를 중단하여 고정비를 절감할 수도 있다. 고정비 내용을 생각해보자. 클라우드 회계 서비스 이용료, 광고비, 사무실 청소비 등 정기 서비스 비용을 들 수 있다. 이것들은 자신이 직접 움직여 해결한다면 비용을 상당 부분 절감할 수 있다.

자신의 시간을 사용하는 것이 가장 큰 절약 방법이다

우선 인건비를 생각해보자. 아르바이트생을 고용하지 않고 본인이 직접 청소를 하고, 재료 준비 등을 한다면 인건비를 절약할 수 있다.

회계 시스템은 수기 대장으로 전환하면 된다. 광고비는 전단지를 자체 제작하고 자신이 직접 거리로 나가 사람들에게 나누어주면 인쇄비만 지출하면 된다. 청소 역시 외주 서비스나 직원에게 맡기지 않고 본인이 직접 하면 비용이 들지 않는다.

자신의 시간과 서비스의 균형을 어떻게 잡을 것인가

물론 편리한 서비스를 이용하지 않으면 자신의 시간과 수고가 든다. 비용 절감에는 성공하겠지만 가게 주인에게 부담이 집중되어 가족이

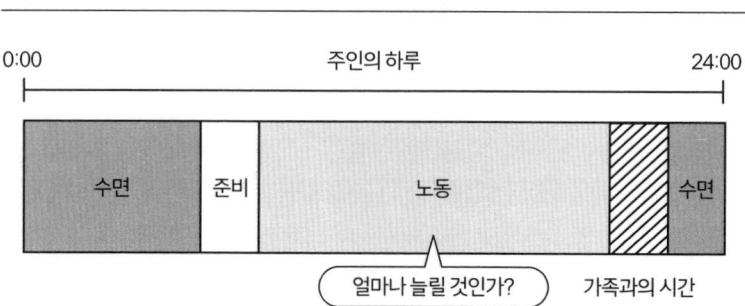

나 친구와 함께할 여유가 사라진다.

또 사업에 따라 다르지만 대부분의 경우 가게 주인이 비용 절감을 위해 시간을 쪼개기보다는 매출 확대를 위해 영업을 하는 것이 더욱 효과적이다. 물론 코로나19와 같이 어떠한 사건으로 인해 영업 자체가 어려워 시간적 여유가 있는 경우에는 본인이 직접 움직여 비용을 절감하는 것이 효과적일 수도 있다.

자신을 희생하여 고정비를 절감하는 것은 비교적 실행하기 쉬운 방법이다. 중소기업 오너는 어떠한 방법으로 이익을 확보할 것인지 끊임없이 생각하고, 또 생각한다. 자신을 투입하는 것도 그런 대책 중 하나라고 할 수 있다.

하지만 너무 무리를 해 건강을 잃으면 사업을 지속할 수 없다. 주객이 전도되지 않도록 장단점을 잘 비교하면서 다양한 측면을 검토하는 것이 중요하다.

05

가격 인상에 어떻게 대응할 것인가
가격은 한 번 오르면 좀처럼 떨어지지 않는다

한 달 동안 휴업을 한 뒤 문을 다시 열었는데, 골치 아픈 소식이 잇달아 들려왔다. 바로 재료비와 세금 인상 소식이었다.

먼저 밀을 살펴보자. 밀은 면의 가격에 큰 영향을 미친다. 일본에서 소비되는 밀의 약 90%는 수입산이며, 정부가 일괄적으로 사들여 제분 회사에 공급한다. 제분 회사는 밀을 밀가루로 만들어 제면업체와 제빵업체 등에 판매한다.

중국에서 소비가 늘어난 점, 사료 수요가 높아진 점, 미국 농사가 흉작이었던 점, 배가 부족해 운송비가 상승한 점 등 가격 인상 요인은 매우 다양했다. 그해 정부로부터의 도매가는 전기 대비 1% 인상되었다.

2022년 새해가 밝자 세계적인 밀 생산지인 우크라이나에서 전쟁이 일어났다. 그로 인해 4월부터 전기 대비 17.7% 가격이 인상되었다. 사료 가격도 올라 육류 제품도 전반적으로 가격이 올랐다.

전기 요금과 가스 요금도 상승했다. 코로나19가 잠잠해지면서 공장 생산과 사람들의 왕래가 활발해지고 원유와 석탄 사용량이 늘어난 것이 원인으로 꼽혔다. 전쟁으로 인한 에너지 위기도 발생해 개점 초기에 비해 전기 요금과 가스 요금이 5% 이상 올랐다.

가격 인상이 가장 강하게 와닿은 것은 식용유였다. 드래곤라멘에서는 멸치 기름을 만들 때 식용유를 사용했다. 식용유를 구매할 때마다 평소보다 조금 비싸다고 느꼈는데, 2022년부터 가격이 급격히 올랐다. 2021년 1월과 비교하면 소매가격이 두 배 가까이 뛰었다. 콩과 유채씨 생산량 감소, 중국과 인도 등의 수요 증가, 지구온난화로 인한 바이오 연료 전환 등이 원인으로 꼽혔다. 가게 사용량은 그렇게까지 많지는 않았지만 그래도 원가율 상승에 다소 영향을 미쳤다.

원자재 비용은 곧바로 인하되지 않는다

원재료비 급등에 따른 공급처의 가격 인상은 가게의 재정 상황에 직접적인 피해를 주지만, 가게를 경영하면서 원재료비 하락에 따른 이점을 느끼는 경우는 많지 않았다.

제조사들은 기업 차원에서 원료 도매가격이 조금씩 오를 때마다 소매가격을 바로 올리지 않으려고 노력하기 때문에 어느 정도 가격이 동

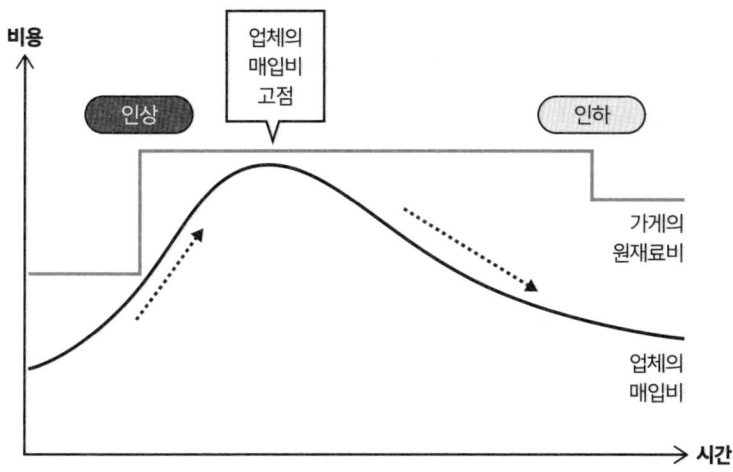

결되는 기간이 있다. 갑자기 가격을 올리면 소비자가 이탈해 오히려 이익이 감소할 수 있기 때문이다. 물론 이번처럼 원료 가격이 급등하면 소매가격도 덩달아 상승할 수밖에 없다.

즉, 가격 급등의 영향이 직접 소비자에게 미치지 않고, 어느 정도는 제조사에서 흡수된다. 결과적으로 생산자와 소비자 사이에 있는 기업이 완충재 역할을 하는 셈이다.

원자재 가격이 오르면 당연히 기업의 이익이 줄어들기 때문에 원자재 가격이 하락하는 상황에서 이익을 늘리지 않으면 기업은 생존할 수 없다. 그래서 세계적인 원료 가격 급등이 끝나고 시세가 진정되어도 소비자들은 당장 영향을 느끼지 못하는 것이다. 가게 주인들은 재료비가 오르면 어떻게 해야 할지 골머리를 앓는다.

소규모 라멘 가게의 수익 구조는 애초에 까다롭다

왜 라멘 가게의 재료비는 쉽게 오르는 것일까? 소상공인에게는 가격 협상력이 없기 때문이다. 일반 가정의 소비자와 다르지 않으므로 가격 인상의 영향을 직접적으로 받는다.

조금 어렵지만 회사 환경을 분석하는 데 도움이 되는 이야기를 하도록 하겠다. 경영 전략의 대가 마이클 포터 Michael Porter가 제창하여 업계 분석 기법으로 널리 이용되고 있는 '산업구조분석 Five force model'에 대해 알아보자.

산업구조분석이란, 업계의 수익 구조를 다섯 가지 요소를 바탕으로 파악하는 것이다. 이 요소들은 위협이자 경쟁 요인을 의미한다. 자사 환경에 있는 위협을 다섯 가지로 분류해 업계의 수익 구조를 파악하고 자사의 경쟁우위를 찾는 것이 목적이다. 이 기법의 세세한 부분까지 다 기억할 필요는 없다. '업계가 돈을 벌 수 있는지 분석하는 방법이 있다' 정도만 알아두어도 된다.

다섯 가지 경쟁 요소는 구매자의 협상력, 공급업체의 협상력, 신규 진입자의 위협, 경쟁업체 간의 적대 관계, 대체품의 위협으로 분류되며, 위협을 받는 상황이 업계 전체의 수익성을 결정한다는 생각을 바탕에 두고 있다. 간단히 말해, 다섯 가지 힘이 강할수록 업계의 수익성은 낮고 매력이 없다.

여기서는 공급업체의 협상력에 관해 알아보도록 하겠다. 여기서 공급업체는 재료를 판매하는 사업자를 가리킨다. 즉, 라멘 가게의 경우

산업구조분석(Five Force Model)이란?

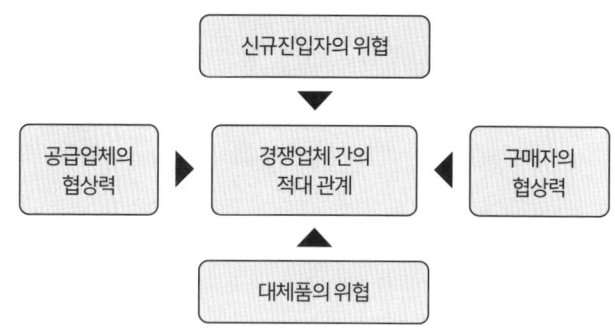

정육점과 마트가 이에 해당한다.

공급업체의 협상력은 매우 중요하다. 사업자의 협상력이 낮은 수준이라면 구매 가격을 결정할 수 없고, 어떠한 환경 변화가 일어나면 변동비 비율이 올라 수익성이 저하될 것이다.

라멘 가게를 생각해보자. 드래곤라멘은 한 달 동안 정육점에서 약 80만 원, 마트에서 약 40만 원, 제면소에서 약 70만 원어치 재료를 사들였다. 어디서든 가격이 인상되기 전에 미리 의논하는 일은 단 한 번도 없었다. "다음 달부터는 이 가격입니다!"라고 일방적으로 통보를 받았다.

거래에서 협상력이란 가격을 주도적으로 결정할 수 있는 능력을 말한다. 정육점과 마트는 많은 소비자와 음식점에 상품을 판매한다. 내가 "가격이 올랐으니 이제 사지 않겠다!"라고 강력하게 말한다 해도 얻을 수 있는 것은 아무것도 없다. "그럼 다른 곳에서 사세요"라는 말만 들을 뿐이다.

내 구매액이 차지하는 비중은 마트의 총매출에서 매우 작은 편이므로 내가 사지 않아도 영향이 거의 없다. 그런 사람의 가격 인하 요구를 받아들이면 다른 사업자들도 똑같이 가격 인하를 요구할 것이니 가격 인하에 의한 단점이 더욱 커진다.

매입 가격 상승을 회피하려면 공급사업자를 여러 개 선택할 수 있도록 해두고, 만일의 경우 계약 축소나 매입처 변경을 할 수 있도록 준비해두는 것이 바람직하다.

다만, 그렇다고는 해도 작은 가게에는 가격 협상력이 없고, 다른 공급업체도 원재료비가 급등하면 마찬가지로 가격을 인상한다. 현실적으로는 가격 인상을 받아들이는 것 외에는 다른 선택지가 없다.

협상력은 규모에 따라 다르다

같은 음식업이라도 구매자가 대형 프랜차이즈점이고, 공급사업자가 작은 정육점이라면 어떻게 될까? 이 경우 공급사업자의 매출 대부분을 프랜차이즈점이 차지한다. 만약 프랜차이즈점이 "가격을 올리면 거래를 끊겠다!"라고 주장하면 정육점은 어떻게든 가격을 올리지 않기 위해 노력할 것이다.

같은 업종이라도 거래처와의 관계에 따라 가격 협상력이 달라진다. 단, 공급자와 구매자가 모두 이익을 내는 '상생 관계'를 지속하지 못하

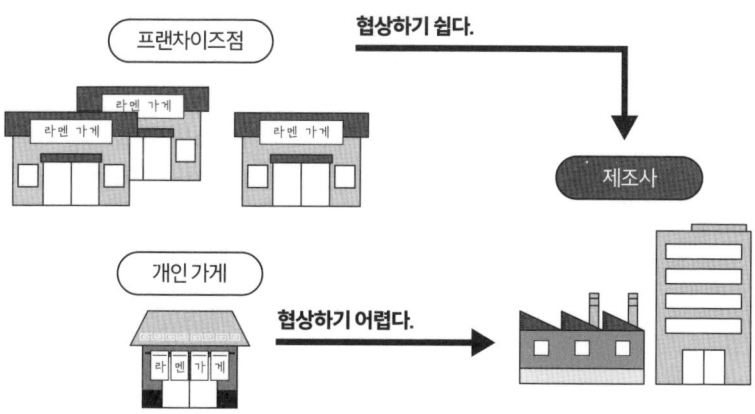

면 결국 어느 한쪽이 버티지 못해 거래를 중단하게 될 것이다.

그렇게 되지 않도록 양측이 수긍할 수 있는 타협점을 찾아가면서 자신의 이익을 극대화해야 한다. 경영자라면 냉철한 현실 감각이 반드시 필요하다.

06

라멘 가게를 위협하는 것은 라멘 가게?
가치는 시장이 결정한다

저출산·고령화 추세가 이어지고 있다. 그로 인해 우리는 지금껏 가보지 않았던 길을 가게 될 것이다. 특히 지방 도시는 생산 인구가 적어지고 돈을 쓰는 사람도 감소할 것이다.

아오모리현 하치노헤시는 현재 약 22만 명인 인구가 2040년에는 약 17만 5,000명 수준으로 감소할 것으로 예상된다.

20년 후에는 인구가 줄고 고령화가 진행되어 일상의 흐름이 바뀔 것이다. 라멘 가게의 경우 젊은이의 수가 줄어들 것이므로 일하다가 점심을 먹으러 오는 사람도 줄어들 것이 분명하다. 볼일을 보다 갑자기 가게에 들르는 사람도 별로 없지 않을까?

라멘은 유행 주기가 짧아 미래를 정확히 예상할 수 없지만, 양으로 승부하는 지로게보다 옛날 느낌 그대로 닭육수로 담백하게 만든 중화풍 라멘을 좋아하는 사람이 늘어날 것 같은 예감이 든다.

음식점뿐 아니라 모든 사업을 둘러싼 환경도 180도 변할 것이다. 나는 본업에서 고문을 맡고 있는 기업에 "20년 뒤에는 같은 일을 계속할 수 없을 테니 신규 사업을 생각해야 합니다"라고 조언하곤 한다.

소고기덮밥집과 편의점도 경쟁자다

산업구조분석(145쪽 표 참고)을 생각해보자. 다섯 가지 요소 중에 대체품의 위협이 있었다. 점심에 먹는 라멘의 대체품으로 소고기덮밥이나

라멘 가게의 경쟁자는 라멘 가게만이 아니다!

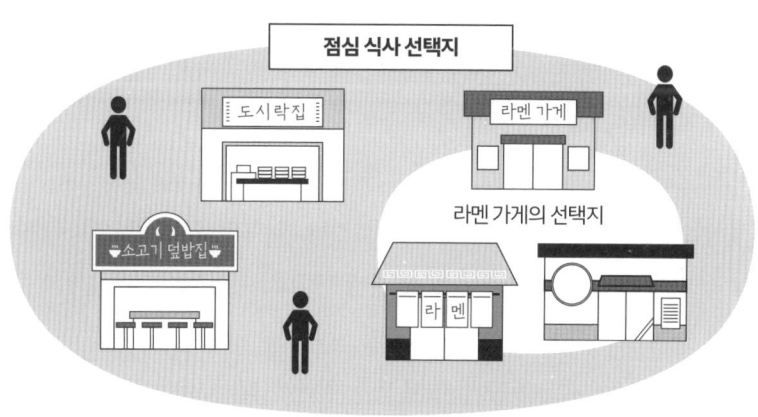

편의점 도시락을 생각할 수 있다. 점심을 먹는다는 목적을 이루는 데 대체할 수 있는 것이 얼마나 강한지가 위협의 내용이다.

드래곤라멘에서 판매한 라멘의 가격은 6,500~8,600원이었다. 하치노헤시 공회당이라는 공공시설 내부에 위치해 있었고, 근처에 시청과 은행이 있었다. 영업시간은 오전 11시부터 오후 2시까지였으므로 주고객은 사무실에 근무하는 사람들과 시청 이용자들이었다.

공회당에서 조금만 걸어가면 편의점이 있었다. 편의점에서 판매하는 도시락의 가격은 4,500~6,000원 정도였다. 라멘이 조금 비싸긴 했지만 많은 사람이 점심 메뉴로 선택했다.

그런데 근처에 초저가 카레 음식점이나 초저가 도시락 가게가 생겼다면 상황이 어떻게 달라졌을까? 니가타에는 한 그릇에 2천 원인 카레를 판매하는 '원가율 연구소'라는 가게가 있다. 가본 적은 없지만 사람들의 말에 의하면 맛과 양 모두 무난하다고 한다. '맛있게 배불리 먹고 싶다'라는 목적을 충분히 이룰 수 있어 보인다.

도쿄에는 2,500원부터인 초저가 도시락을 판매하는 '델리카와구와구'라는 프랜차이즈점이 있다. 가성비를 중시한 푸짐한 메뉴가 특징이어서 양이 많은 남자들에게 특히나 인기가 많다.

이 가게들은 박리다매를 전제로 영업하기 때문에 인구가 적은 지역에서는 통하기 어려운 비즈니스 모델이다. 이러한 가게들이 드래곤라멘 근처에 생겼다면 나는 분명 멘붕에 빠졌을 것이다. 점심 식사 선택지가 늘어나고 사람들의 흐름도 크게 달라졌을 것이다.

라멘은 1,000~2,000원 정도 예산을 추가해 직접 만들어주는 음식을 먹고 싶거나 바로 만들어져 나오는 음식을 먹고 싶다는 기대에 부응하는 메뉴다.

하지만 2천 원짜리 카레와 2,500원짜리 도시락 가게가 문을 열어 점심 식사 가격대가 그 수준으로 이동하면 6천 원 이상인 라멘은 갑자기 비싸게 느껴질 것이다. 점심 식사로 선택되는 일이 적어지면서 경영은 매우 어려워질 것이다.

하지만 박리다매 전략이 무리였는지 원가율 연구소는 2022년 3월 파산하고 말았다. 음식점은 어떤 전략으로 싸워도 힘든 비즈니스라는 점은 변함이 없다.

점심 식사비는 얼마가 적정한가

2천 원짜리 카레와 2,500원짜리 도시락을 간편하게 살 수 있게 되면 그 가격대가 시장 표준이 된다. 6천 원 이상인 라멘은 사치품으로 자리 잡아 '라멘을 꼭 먹고 싶은' 사람 외에는 선택하지 않게 될 것이다.

그런 일이 생길 경우 취할 수 있는 전략은 많지 않다. 2천 원대 라멘을 내놓으면 재료비조차 회수하지 못할 가능성이 크기 때문에 문을 닫는 것 외에는 다른 선택지가 없다. 강력한 대체품이 나타났을 때 살아남을 수 있는 것은 브랜드력이 있거나 대체품으로는 채울 수 없는 무언가를 가지고 있는 강한 상품뿐이다.

호리에 다카후미가 운영하는 마시노마시도쿄에는 와류지로라는,

한 그릇에 10만 원짜리 라멘이 있다. 엄선된 와규를 아낌없이 사용한 라멘으로, 주인의 높은 인지도가 더해진 그 가게만의 상품이다.

대체품이 없고 수요가 높은 상품을 만들 수 있다면 가격은 자유롭게 정할 수 있다. 소비자가 비싼지 싼지 판단하는 기준이 없기 때문이다. 반면 대체할 상품이 많은 분야에서는 상품의 품질과 가격을 철저히 비교하기 때문에 큰돈을 벌기 어렵다.

어떤 비즈니스든 소구력과 브랜드력을 겸비한 강한 상품을 만드는 것이 안정적인 경영의 왕도다. 드래곤라멘도 그것을 목표로 했지만 결코 쉽지 않은 길임을 나는 매일매일 느꼈다.

07

6시간으로 어떻게 이익을 낼 것인가
장사야말로 '시간이 돈이다'

음식점은 장시간 노동의 대표주자다. 영업시간 전에는 재료를 준비해야 하고 폐점 후에는 뒷정리를 해야 하므로 아무래도 가게에 매이는 시간이 길다. 매출을 올릴 수 있는 것은 영업시간뿐인데, 그 외 시간에도 인건비가 들기 때문에 돈이 줄줄 나간다. 따라서 영업 이외 시간은 되도록 짧게 하는 것이 비용 절감의 핵심이다.

일본 라멘은 대체로 돼지뼈 등 고기로 만든 육수와 멸치 등 해산물로 만든 육수로 나뉜다. 돼지뼈와 사골 등으로 만드는 육수는 장시간 끓이지 않으면 깊은 맛이 나지 않는다. 뽀얀 국물이 나기까지 10시간 이상 걸릴 수도 있다. 반면 멸치나 가다랑어포 등 건조한 해산물은 너무 오래 끓이면 쓴맛이 나 맛이 떨어지므로 주의해야 한다.

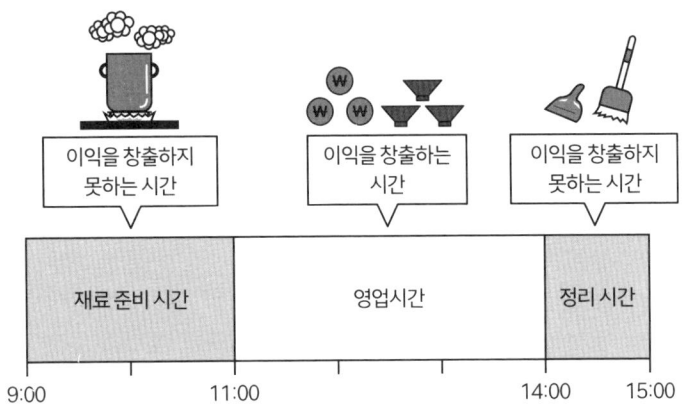

6시간만 일할 방법을 연구하다

드래곤라멘은 오전 9시부터 재료를 들였다. 그리고 오전 11시부터 오후 2시까지 영업을 하고, 3시쯤에 모든 정리를 끝냈다. 직원들에게 너무 일찍 출근하지 말라고, 3시 이후까지 일을 하지 말라고 철저하게 당부했기에 특별한 일이 있지 않고서는 하루 6시간만 가게가 돌아갔다. 하루 6시간이라니! 다른 라멘 가게와 비교하면 매우 짧은 편이었다.

그렇다고 해서 맛을 신경 쓰지 않은 것은 아니었다. 드래곤라멘은 시중에 파는 육수를 절대 사용하지 않았다. 나는 라멘 맛은 절대 타협하지 않았다.

음식점은 입소문이 나면 그들의 평가가 고객 수와 직결된다. 요즘은

SNS의 발달로 서비스와 맛이 변하면 전국에 무서운 속도로 공유된다. 그래서 나는 '대충'이란 단어는 절대 용납하지 않았다.

드래곤라멘이 위치한 공회당 부근은 밤이면 사람의 발길이 끊겨 늦은 시간에는 영업이 불가능했다. 지로계 라멘과 돼지뼈로 육수를 내는 돈코츠 라멘은 영업시간 내내, 혹은 그 이상 육수를 오래도록 끓여야 한다. 그래서 나는 영업시간 이내에 조리가 가능한 멸치 육수 메뉴를 만들었다.

영업시간 외에도 할 일은 많다

음식점을 시작하면 영업시간 외에도 홀과 주방 청소, 매출 입금, 거스름돈 준비와 같은 잡무에도 상당한 시간을 들여야 한다. 할 일이 끊임없이 쏟아진다.

또한 영업과 잡무를 하는 틈틈이 경쟁 가게 분석, 트렌드 조사. 신메뉴 개발 등을 해야 한다. 그로 인해 일반적인 직장인보다 노동 시간이 길어지기 쉽다. 아이가 있으면 육아도 해야 하니 자신의 시간은 거의 사라진다.

사장은 누구에게도 지시받지 않는다. 대신 손님이 줄어도 조언해줄 사람도 없고 돈을 줄 사람도 없다. 자신이 모든 것을 책임져야 한다. 그 때문에 열심히 하려다 보니 해야 할 일이 점점 더 늘어난다. 어찌 보면 '셀프 착취 기업'인 셈이다.

효율적으로 돈을 벌려면?

트위터나 페이스북 등 SNS를 하다 보면 '누구나 쉽게 돈을 버는 방법'이라는 문구가 심심치 않게 눈에 들어온다. 한때는 내용이 궁금해 클릭을 해보기도 했는데, 100% 광고였다. 대개 무료로 약간의 정보를 제공하고 고액의 정보 상품을 판매하는 내용이었다.

앞서 여러 차례 이야기했듯 그러한 정보는 대부분 가치가 없다. 누구나 할 수 있다면 사람을 고용해 본인이 직접 돈을 벌었을 것이다.

그러한 수상쩍은 정보는 무시하는 것이 상책이지만, 그러한 정보에서도 눈여겨볼 부분이 있다. 바로 구조화와 자동화다. 그러한 상품 내용을 살펴보면 대체로 이 두 가지 키워드가 들어가 있다. '돈이 들어오는 구조를 만들어 자신이 관여하지 않고 자동으로 돌리는 것을 지향하라'라는 것이다. 이는 자본주의 사회에서 가져야 하는 올바른 사고방식이다.

자신이 직접 몸을 움직여야만 하는 방식은 거기에 들인 시간 이상으로 돈을 벌 수 없다. 아르바이트를 여러 개 병행해도 하루에 일할 수 있는 시간은 최장 16시간 정도이므로 시급이 1만 2천 원이라고 가정하면 하루에 19만 2천 원밖에 되지 않는다. 연간 300일 일한다 해도 5,760만 원이 한계다.

한편, 일본 상장 기업의 주식 배당률은 주가의 2~5% 정도로 추정된다. 소프트뱅크, 코니카미놀타, 상선미쓰이의 배당률은 이 책을 집필하는 시점에 5%를 넘어섰다. 배당률이 5%인 주식을 10억 원어치 사놓으면 아무것도 하지 않아도 1년에 5천만 원을 손에 쥘 수 있다는 말이다. 어느 쪽이 좋은지는 생각할 필요도 없다.

"부자들이 너무 부러워!"라고 말하고 싶은 것이 아니다. '내 시간을 팔아서 돈을 버는 일은 한계가 있다'라는 점을 기억하자는 것이다. 주식을 매수하거나 직원을 고용하는 것은 모두 자본을 투자하는 행위다. 리스크가 있는 선택을 함으로써 더 큰 리턴을 목표로 하는 점이 같다.

드래곤라멘은 나도 주방에 서긴 했지만 대부분의 운영을 직원에게 맡겼다. 맛 확인, 재료 매입, 고객 홍보 등은 내가 하고, 육수 내기, 고객 응대는 직원이 맡아서 했다. 본업도 있었기에 라멘 가게에 관여하는 시간을 최소화하면서도 맛을 지킬 수 있도록 중요한 부분만 확인했다.

복업의 하나로서의 음식점 경영

최근에는 '겸업Parallel Work'이 당연해지고 있다. 겸업이란, 미국의 경영학자 피터 드러커Peter Drucker가 자신의 저서 《21세기 지식경영》에 제시한 생활 방식 중 하나로, 여러 가지 일을 동시에 하는 것을 말한다.

나도 몇 가지 일을 하고 있는데, 나의 본업은 공인회계사, 세무사, 법무사, 행정사에 관한 사업이다. 부업으로 책 집필, 와인 가게 공동 경영, 부동산 임대, 격투기 강사, 홈페이지 관리 등 다양한 일을 하고 있다.

나름 이익이 나는 것도 있고, 전혀 그러지 못하는 것도 있다. 특히 지방은 인구 감소로 인해 사업 기회가 줄어들었기 때문에 효율적으로

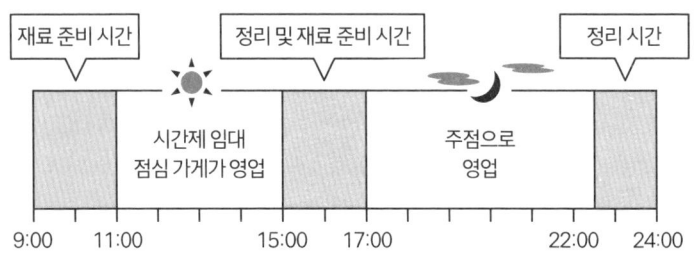

시간을 배분해야 한다. 사람을 고용하거나 설비 투자를 하려면 돈을 들여야 하지만, 여유 시간을 활용해 직접 어떤 일을 하는 것에는 리스크가 없다. 시간을 쪼개야 하지만 겸업은 검토해볼 만한 선택지다.

최근 '시간제 임대'를 하는 음식점이 확산되고 있다. 주점이나 바 등 낮에는 영업하지 않는 점포를 빌려 카레나 라멘을 판매하는 가게가 늘고 있다. 이러한 업태가 확산되는 이유는 가게가 영업하지 않는 시간을 잘 활용할 수 있어 임대인과 임차인 모두에게 이득이기 때문이다.

주점과 같은 밤 중심 가게는 낮에 매출을 얻을 수 없기 때문에 낮 동안의 임대료가 낭비되는 셈이다. '점심 영업을 하면 되는 거 아니야?'라고 생각하는 사람도 있을 수 있다. 하지만 점심 영업을 하려면 비용을 들여 새로운 장비도 갖추어야 하고, 새로운 메뉴도 생각해야 한다. 손이 많이 들고 리스크도 존재하므로 단순히 매출을 늘릴 수 있다고 장담하기 어렵다.

그에 반해 누군가에게 자신이 사용하지 않는 시간에 공간을 빌려주면 힘을 들이지 않고도 임대료를 얻을 수 있어 시간당 수입이 올라간다. 또한 평소에는 방문하지 않는 고객층이 방문했을 때 저녁 시간의 가게를 홍보하는 기회가 되기도 한다.

창업을 하면 의욕이 넘쳐 자신을 혹사시키는 사람이 많다. 머리를 잘 써서 효율적인 경영을 지향하며 좋은 의미에서 편하게 경영할 수 있도록 노력하자.

08

홍보를 하면 사람들이 몰려든다?
'비용 대비 효과'를 의식하자

사업을 시작하면 신문, TV, 인터넷 등 다양한 매체에서 광고를 해주겠다는 연락이 온다. 광고비는 상당히 비싸다. 나와 같은 소상공인에게 들어오는 광고는 저렴한 것은 30만 원, 비싼 것은 100만 원이 넘는다.

광고에는 '반응률'이라는 말이 있다. 신문 등에 끼워 넣는 전단지나 포스팅 등 수를 알 수 있는 방법을 썼을 때 소비자가 어느 정도 주문을 하는지 나타내는 지표다. 예를 들어 전단지 1만 장을 배포했는데 100명이 주문했다면 반응률은 1%다.

업종에 따라 다르지만 전단지와 포스팅 반응률은 1% 미만으로 알려져 있다. 라멘 한 그릇의 공헌이익이 5천 원이라면 전단지 100장을 나눠주는 비용을 5천 원 미만으로 잡아야 한다. 그렇지 않으면 타산이 맞지 않는다. 이는 꽤 어려운 문제다.

살아남기 위해서는 첫 번째 정점을 지난 후가 중요하다

음식점의 손님은 개점 후 1개월 뒤가 첫 번째 정점이라고 한다. 새로운 가게가 생기면 일단 한 번은 가보겠다며 사람들이 몰려든다. 개점 시 평판이 나쁘지 않으면 입소문을 타고 가게가 알려져 조금씩 손님이 늘어난다. 그런데 대략 1개월이 지나면 신선함이 사라져 서서히 손님의 발길이 줄어든다.

드래곤라멘도 그런 추세를 따라갔다. 2020년 10월 1일에 문을 열었는데, 10월 하순 토요일에 가장 많은 손님이 찾아왔다. 3시간 동안 130명이 라멘을 주문했고, 하루 매출은 1천만 원 이상을 기록했다.

그런데 그 후에는 하루 100명 이상을 기록한 날이 없었다. 평균 30~60명의 손님이 방문했다. 폭우나 폭설이 내리는 날에는 20명 이하로 떨어지기도 했다.

손님이 줄어드는 이유 중 하나는 가게의 존재 자체가 사람들의 머릿속에서 잊히기 때문이다. 라멘 가게로 말하면, 좋아하는 가게 두세 군데를 돌아가며 먹는 사람이 많을 것이다. 이 '두세 곳'에 들어가지 못하면 쉽게 잊힌다. 사람들의 기억에 오래도록 남아야 손님을 끌어모을 수 있다.

광고의 비용 대비 효과란?

사람들이 계속 찾아오게 만들려면 어떠한 계기가 있어야 한다. 가장 대중적인 수단은 바로 광고다. 광고는 가게의 존재를 상기시키거나 신메뉴를 알리기 위해 사용된다.

물론 광고를 하려면 돈이 든다. 전단지의 경우 제작비와 포스팅, 또는 신문 등에 끼우는 비용이 든다. 인터넷을 통해 인쇄업자에게 1,000부 인쇄와 배포를 요청하면 8만 원 가까이 드는 것 같다. 100부당 가격이 8천 원이기 때문에 반응률이 1%라면 적자다.

드래곤라멘에 들어온 제안 내용을 소개하도록 하겠다. 신문 한구석에 조그맣게 가게 이름과 영업시간을 게재하는 비용은 30만 원, 지역 신문 소개 기사는 50만 원, 시내 주요 도로변 입간판 설치 비용은 월 20만 원이었다.

한 그릇에 7천~8천 원짜리 라멘을 파는 가게 입장에서는 모두 상당한 금액이다. 공헌이익이 5천 원이라고 하면 30만 원을 벌려면 60그릇을 팔아야 한다. 꼬박 하루 이상의 벌이를 지급해야 하므로 비용 대비 효과가 어떨지 깊이 고민해보아야 한다.

무료로 광고할 방법을 생각하자

나는 우선 무료 광고 수단을 적극적으로 사용할 것을 추천한다. 페이스북, 인스타그램, 트위터 등 SNS가 가장 먼저 떠오른다. 이 기본 기능들은 무료로 사용할 수 있다. 그러니 사용하지 않으면 손해다.

드래곤라멘은 SNS 계정을 만들어 적극적으로 활용했다. 설령 팔로워 수가 많지 않더라도 지역 사람들에게 정보를 제대로 전달한다면 효과는 확실하게 드러난다.

드래곤라멘 하치노헤시 공회당

오늘도 영업합니다!
오전 11시부터 오후 2시까지!

오직 드래곤라멘에서만 맛볼 수 있는 토마니보!
진한 토마토와 해산물의 풍미가 일품입니다.

여성 혼자서도 편안하게 드실 수 있습니다!
여성 스태프들도 있습니다.

오늘도 여러분을 기다리고 있겠습니다.

이러한 글에 라멘 사진과 가게 내부 사진을 곁들인다. 내용은 어느 SNS나 동일하다. 각기 다른 내용을 생각할 시간이 없기 때문이다. 트위터는 140자 제한 글자 수에 맞춘다.

SNS는 무료 광고와 같아 얼마든지 발신해도 비용이 들지 않는다. 스마트폰만 있으면 언제, 어디에서나 비용을 들이지 않고 광고를 할 수 있다. 사용법도 간단하니 꼭 활용해보기 바란다.

세대에 따라 즐겨 사용하는 매체가 다르다

SNS를 사용하는 사람은 대부분 20~40대다. 50대가 넘어가면 사용자 수가 확연히 줄어든다. 50대 이상이 주로 사용하는 미디어는 TV와 신문이다. 반면 젊은 세대는 TV와 신문을 보는 수가 눈에 띄게 감소했다고 한다.

일본 총무성이 2020년에 실시한 '정보통신 미디어의 이용 시간과 정보 행동에 관한 조사'에 따르면 TV를 보는 사람은 82%인 반면, 신문을 읽는 사람은 26%에 불과했다. 연령대에 따라 상당히 편중되어 있으며, 평일에 TV를 보는 사람은 50~60대는 90%가 넘지만, 10대는 60%에 그쳤다.

신문은 더욱 차이가 난다. 평일에 신문을 읽는 60대는 54%인 반면, 10대는 놀랍게도 3%였다. 20대는 6%, 30대는 9%였다. 젊은 세대는 대부분 신문이 아닌 인터넷을 하며 시간을 보내는 것이다. 따라서 젊은 층을 겨냥하고 싶다면 신문이나 TV보다는 인터넷을 통한 광고가 나은 선택이다.

그래도 TV와 신문은 다른 매체가 가지고 있지 않은 강점이 있다. 바로 '동시성'이다. 인터넷 서비스는 유튜브나 틱톡을 비롯해 재미있는 콘텐츠가 셀 수 없을 만큼 많으며, 엄청난 기세로 무섭게 증가한다. 그래서 사람마다 보는 것이 다르고, 전날 본 콘텐츠가 공통의 화제가 되는 경우가 많지 않다.

하지만 TV와 신문은 정해진 날짜에 사람들이 같은 내용을 접한다.

여러분 역시 전날 본 TV 프로그램 내용을 주변 사람들과 이야기한 적이 있을 것이다. 이용자의 절대적인 수는 줄었지만 그래도 동시에 이용하는 사람은 상당히 많다.

지역 방송 TV에 가게가 2~3분만 등장해도 다음 날 꽤 많은 사람이 찾아온다. 드래곤라멘은 TV에 2회, 신문에 3회 소개되었다. 가장 영향력이 있었던 것은 TV 지역 뉴스였다. 매주 라멘 가게를 소개하는 코너가 있었는데, 2월 초순에 소개되었다. 그 당시 눈도 많이 오고 상당히 추워 하루 손님이 30명 정도였다. 그런데 방송이 된 다음 날부터 매일 50명이 넘는 손님이 찾아왔고, 주말에는 90명 이상이 찾아왔다. 방송 효과는 3주일 정도 지속되었고, 매출이 크게 늘었다.

다른 프로그램이나 신문은 이렇게까지 가시적인 효과는 없었지만 소개된 다음 날부터 나름대로 손님이 늘어나 장점을 충분히 느낄 수 있었다.

이 매체들은 광고와 달리 기본적으로 무료다. '우리 가게는 절대 인터뷰를 하지 않는다'라는 소신이 있는 게 아니라면 언론 매체 홍보를 긍정적으로 생각해보는 것이 좋다.

언론 매체가 가게를 취재하게 하려면?

그럼 신문이나 TV에서 가게를 취재하게 하려면 어떻게 해야 할까? 언론 매체는 게재 범위가 한정되어 있지만, 가게 수는 모래알처럼 많다.

취재를 원하는 가게가 훨씬 많으므로 그저 가만히 앉아 기다리기만 해서는 좀처럼 순서가 돌아오지 않는다.

우선 가게의 존재를 알려야 한다. 신문과 지역 TV 방송국은 주요 도시에 취재 거점을 둔다. 그곳에는 항상 기자가 상주해 있고, 홈페이지에 들어가 보면 연락처를 알 수 있다. 담당 기자에게 연락해 가게의 존재를 적극적으로 알려라. 오픈한 지 얼마 되지 않았다면 그때가 최고의 기회다. 모든 미디어에는 대개 새로 문을 연 가게를 다루는 코너가 있다. 기자가 취재 대상을 찾고 있었을지도 모른다. 운이 좋으면 곧바로 매체에 당신의 가게를 소개할 수도 있다.

미디어가 다루기 쉬운 내용을 생각하면 더욱 좋다. 흥미로운 기사를 쓸 수 있도록 가게에 관한 화제를 제공하면 선택될 가능성이 크다. 음식점의 경우, '특산물을 사용하여 메뉴를 개발했다', '현지 대학생과 협력하여 이벤트를 열기도 한다', '도시에서 생활하다 고향으로 돌아와 가게를 차린 것이다'와 같은 내용 등을 언급할 수 있다. 모두 화제성이 있고, 보도하기 쉬운 내용이다. 드래곤라멘은 공인회계사가 라멘 가게를 여는 일이 드문 탓에 여러 번 취재 대상이 되었다.

관점을 살짝 바꾸면 음식점 외에도 흥미로운 회사가 많다. 나도 종종 기사를 쓰는데, 얼핏 평범해 보이는 회사에서도 창업 시기, 일상의 경영 이야기 등을 들어보면 재미있는 에피소드를 찾을 수 있다. 중소기업은 생존을 위해 매일 치열하게 싸우고 있으므로 드라마틱한 이야기가 없을 리가 없다.

미디어에 소개되면 가게의 존재를 몰랐던 사람들에게 가게를 알릴 수도 있고, 오픈했을 당시 한 번 방문했는데 잊고 있던 사람들에게 가게를 떠올리게 할 수도 있다. 여러 가지 장점이 있으니 매체가 취재하기 쉽도록 재미있는 에피소드를 생각해보자.

칼럼 드래곤라멘 개업 이야기 ③
'유료 광고 금지'라는 셀프 제한 플레이

　이 원고는 일을 마치고 밤에 롤플레잉 게임인 '드래곤퀘스트'의 RTA 영상을 보며 작성했다. RTA는 'Real Time Attack'의 약자로, 시간 싸움이라는 뜻이다. 숙련된 플레이어는 보통 50시간 정도 걸리는 드래곤퀘스트 3를 3시간 이내에 클리어한다. 플레이어는 레벨이 낮은 상태에서 힘든 싸움을 계속해야 하므로 순간적인 판단으로 재빨리 대응해 보스전을 돌파해야 한다. 같은 게임이어도 상황이 매일 바뀌기 때문에 싫증이 나지 않는다.

　플레이 스타일의 일환으로 '셀프 제한 플레이'가 있다. '강한 무기를 사용하지 않는다', '유료 아이템을 구입하지 않는다' 등의 제한 요건을 정해놓은 뒤 클리어하는 방식이다. 제한 요건을 늘릴수록 게임이 어려워지므로 깊이 고민해 그에 맞는 전략을 짜야 한다. 굳이 고난의 길을 선택함으로써 평소 게임을 할 때는 사용하지 않는 도구에 눈길이 가기도 하고, 새로운 루트를 생각해야 하기 때문에 매번 색다른 재미를 느낄 수 있다.

　드래곤라멘을 개점했을 때 나는 세 가지 제한 요건을 내걸었다.

① 과거 가게가 오래 가지 못한 장소에서 영업을 한다.
② 창업 비용은 1천만 원 내에서 해결한다.
③ 개점 전단지를 제외하고 1년간 유료 광고를 하지 않는다.

　위 요건은 모두 자금력과 인지도가 없는 경우에 취하는 전략이다.

① 쇼핑몰이나 역 앞 등 입지가 좋은 곳은 임대료가 비싸다. 돈이 없는 사람은 조건이 좋지 않은 장소를 선택할 수밖에 없다.
② 대출을 할 수 있는 금액은 정해져 있다. 따라서 초기 투자에 충분한 돈을 들이지 못하는 경우가 많다.
③ 소규모 음식점은 좀처럼 유료 광고를 사용할 여유가 없다.

내가 제한 요건을 내건 것은 자금력이 없는 사람이 성공하는 모습을 많은 사람에게 보여주고 싶었기 때문이다. 그러한 환경에서 가게를 번창시킨다면 바닥에서 시작하는 사람들에게 큰 힘을 실어줄 수 있을 것이라 생각했다.

자금이 없는 상태에서의 시작은 미지의 거인을 소재로 한 일본의 판타지 만화 《진격의 거인》의 상황과 비슷하다. 아무것도 하지 않으면 결국 지고 만다. 아무리 힘든 상황이어도 지혜와 용기를 쥐어짜 자신만의 길을 만들어나가야 한다. 귀중한 자금을 들인 도전이 실패하면 즉시 파산할 수도 있다.

자금은 경영의 혈액이다. 자금이 많으면 예상치 못한 사태가 발생했을 때 대처할 여유가 있고, 곤경에서 쉽게 빠져나갈 수 있다. 그래서 상장사처럼 규모가 큰 기업은 쉽게 망하지 않는다. 하지만 개인이나 소규모 기업은 자금력이 없어 누군가가 연못에 던진 돌에 맞은 개구리처럼 사소한 일로도 큰 피해를 입을 수 있다.

그런 환경을 극복하고 사업을 궤도에 올려놓는다면 그 과정에서 쌓은 노하우는 피가 되고 살이 되어 다른 상황에서도 써먹을 수 있을 것이다. 그리고 새로운 도전을 할 때 큰 힘이 되어줄 것이다.

4장

라멘 가게 경영자에게 배우는 '돈을 잘 남기는 방법'

01
라멘 가게는 왜 그렇게 빨리 바뀔까
음식점 경영이 어려운 이유

퇴직 후에 뭐라도 해야겠다 싶어 퇴직금을 쏟아부어 음식점을 오픈하는 사람이 많다. 그런데 대체로 오래 가지 못한다. 이는 퇴직 후에 절대로 해서는 안 되는 행동 중 하나다.

사실 음식점은 아주 쉽게 문을 닫는다. 새로 생긴 음식점이 어느 날 갑자기 문을 닫거나 다른 종류의 음식점으로 바뀌어 있는 광경을 자주 목격했을 것이다.

사업을 계속해나갈 수 없는 이유는 돈이 다 떨어졌기 때문이다. 지출과 수입의 균형이 무너져 회수하는 돈보다 나가는 돈이 많아지면 머지않아 자금이 바닥나고 만다. 음식점은 그렇게 되기 쉬운 대표적인 업종이다. 지금까지 그 이유는 틈틈이 설명했는데, 여기서 다시 한 번 더 정리해보자.

음식점은 초기 투자금이 많이 든다

음식점은 규모가 작아도 개업비가 꽤 많이 들어간다. 인테리어를 고급스럽게 하면 금액은 순식간에 늘어난다. 전 입주자가 내부 시설을 철거한 곳을 계약하면 냉장고, 스토브 등 준비해야 할 것이 많다. 업소용은 가격이 비싸 지출이 점점 늘어난다.

드래곤라멘의 개업비는 약 1천만 원이었다. 준비한 기자재 중에서 가장 값이 나간 것은 키오스크였는데, 약 650만 원이었다. 100만 원 이상 하는 것은 하나도 사지 않았다.

또 공회당 안에 있던 음식점을 빌렸기 때문에 인테리어비와 설비비가 들지 않았다. 외장은 고칠 수 없으니 돈을 쓸 필요가 없었고, 조리기구 150만 원, 소모품 50만 원, 잡비 150만 원이 전부였다.

사람들의 발길이 끊이지 않고 인기가 있는 장소는 아무래도 임대료가 비싸다. 초기 투자를 낮게 잡으려면 입지는 타협하는 수밖에 없다.

음식점은 수입이 불안정하다

샐러리맨과 달리 자영업자와 프리랜서는 매달 수입이 일정하지 않다.

일이 잘된 달은 큰돈을 벌지만, 그렇지 않은 달은 적자가 발생할 수도 있다.

직장에 다니면 자신의 실수로 거래처를 잃어도 월급이 나온다. 하지만 자영업자가 일거리를 놓치면 수입에 직접 영향을 받는다.

길게 줄이 늘어선 일부 가게를 제외하고는 사실 안정적인 수입을 얻기 어렵다. 날씨, 주위 환경 변화 등 노력으로는 어쩔 수 없는 요소에 사람들의 발길이 좌우된다. 드래곤라멘도 특별한 이유 없이 손님이 전날의 절반 수준으로 줄어드는 일이 종종 있었다.

재료가 떨어져 음식을 팔지 못하면 안 되기 때문에 넉넉하게 준비해야 하는데, 손님이 오지 않으면 매출을 올릴 수 없을 뿐만 아니라 재고 손실이 증가한다.

음식점은 노동 시간이 길다

가게를 열면 영업시간 외에도 할 일이 많다. 홀과 주방 청소도 해야 하고, 재료를 준비하기 위해 장도 봐야 하고, 은행에 가서 거스름돈도 준비해야 한다. 정말 할 일이 끝도 없이 쏟아진다.

직원을 고용하면 근태 관리와 급여 계산, 보험 처리도 해야 한다. 확정 신고 준비와 경영 성과 확인을 위해 회계 프로그램에 데이터를 입력해야 하기도 하고, 고객 유치를 위해 SNS에 사진을 올리고 글을 쓰기도 해야 한다.

영업과 잡무를 하는 틈틈이 경쟁점 분석, 최신 트렌드 조사, 신메뉴 개발도 해야 한다. 음식점 경영은 일반적으로 샐러리맨보다 노동시간이 길어지기 쉽다.

따라서 부업이나 아르바이트로 수입을 늘려 리스크를 분산시킬 수 없다. 가게 수입이 감소해 폐업을 한 뒤 다른 가게에 취직해 일을 하는 사람을 심심찮게 볼 수 있다.

음식점은 경쟁자가 계속해서 등장한다

일본에서는 음식점을 개업하는 절차가 매우 간단하다. 보건소의 허가를 받은 뒤 식품위생 책임자 강습회를 수강하기만 하면 된다. 그래서 신규 진입자가 많은 것이다. 손님들도 새로운 가게가 생기면 한동안은 눈여겨본다.

반면 오래되었다는 것이 장점으로 평가받는 업계도 있다. 나의 본업이 그 전형적인 예다. 전문직 사무소는 신규 개업한 사람에게 쉽게 일거리가 주어지지 않는다. 오랜 교제와 신뢰가 중요하기 때문이다.

그러나 음식점은 진화하지 않으면 금세 잊힌다. 따라서 신메뉴 개발과 리뉴얼을 고민하고, 또 고민해야 한다. 상황에 따라서는 비용을 들여 대책을 생각해야 한다.

음식점은 상권을 넓히기 어렵다

인터넷을 통해 고객이 주문할 수 있는 업종과 달리 음식점과 같은 점포형 비즈니스는 장소가 매우 중요하다. 소비자가 발걸음을 옮겨야만 매출이 발생하기 때문에 '편의성'이 가게의 앞날을 결정하는 중요한 요소라 할 수 있다.

꽤 유명한 가게가 아니라면 굳이 먼 곳까지 외식을 하러 가는 일이 많지 않다. 음식점의 고객은 대부분 인근에 살고 있는 사람, 근처에 볼일이 있는 사람이므로 인터넷 판매 등으로 먼 곳에 있는 사람에게 상품을 판매하는 방법도 있지만, 매출에 크게 공헌할 수 있는 규모로 운영하려면 시간과 비용이 많이 든다. 현실적으로는 가게가 있는 지역을 지나는 사람이 고객의 대부분일 것이다.

역이나 쇼핑몰은 인파가 많아 영업하기에 안성맞춤이지만 그만큼 임대료가 비싸다. 번화가에서 늘 줄이 늘어서 있는 가게를 인적이 없는 장소로 이전하면 매출은 어떻게 될까? 그대로 유지된다는 보장이 없다. 오히려 손님이 많이 줄어들 가능성이 크다. 반대로 항상 혼잡하지만 맛이 없는 가게도 꽤 많다. 그만큼 입지가 중요하다는 이야기다.

음식점은 환경 변화에 대응하기 어렵다

가게를 열려면 임대 계약을 맺은 뒤 인테리어 공사를 해야 한다. 어떤 사람은 개점 비용으로 1억 원 이상을 들이기도 한다.

미리 유동인구를 조사한 뒤 가게를 열겠지만, 막상 가게를 열면 예상외로 손님이 오지 않는 일도 벌어진다. 이전을 하려면 다시 점포도 찾아야 하고 공사도 해야 하므로 손님이 오지 않는다는 이유만으로 쉽게 옮길 수도 없는 노릇이다.

또 원래는 좋았던 곳이라도 인근 집객 시설이 문을 닫거나 강력한 경쟁점이 들어서면 사람들의 발길이 바뀌기도 한다. 그럴 때 가게를 접고 새로운 가게를 낼 정도로 자금력이 있는 사람은 그리 많지 않다. 대부분은 폐업을 선택하고 가게 문을 닫을 것이다.

돈을 벌려면 투자가 필수다

매출을 올리려면 투자는 선택이 아닌 필수다. 음식점에게 투자란 가게를 차리고 메뉴를 개발하는 것이다.

사업을 확장하려면 확보한 이익을 재투자하여 규모 확대를 목표로 하는 것이 왕도다. 운전에 비유하면 투자는 액셀을 밟는 것이다. 액셀을 밟으면 그만큼 목적지에 빨리 도착할 수 있다. 하지만 도중에 연료가 떨어지거나 사고가 나서 달릴 수 없게 될 수도 있는데, 그것이 바로 폐업이다. 수중에 자금이 있으면 차를 업그레이드시켜 더욱 빠르고 쾌적하게 달릴 수도 있고, 연료를 넣어 장거리 주행에 대비할 수도 있다.

어떻게 할 것인지 판단하는 것은 경영자의 몫이다. 코스와 속도를 생각하면서 적절한 방법을 강구해야 한다.

투자금을 회수할 수 있는지 미리 검토하자

음식점은 망하기 쉬운 이유가 집대성된 사업이다. 그만큼 어렵고 리스크도 크다.

음식점뿐 아니라 창업을 생각하는 사람들은 투자금 회수가 가능한지 미리 검토해야 한다. 매출을 기대할 수 없는데 투자를 많이 해야 한다면 일단 멈춰 서서 계획을 수정할 필요가 있다.

인터넷의 발달로 제품과 서비스를 판매하는 방식이 예전보다 훨씬 다양해졌다. 매장을 두지 않으면 고정비를 대폭 절감할 수 있다. 개업할 때 반드시 가게가 필요한지도 생각해보자.

사업을 지속하려면 우선 계획이 중요하고, 계획을 예정대로 실행하는 실행력도 중요하다. 음식점뿐 아니라 비즈니스는 상상하지도 못한 문제가 계속해서 발생하기 때문에 매일매일 고민하며 신속하고 유연하게 대처해야 한다.

독립과 개업은 일생일대의 이벤트다. 성공하면 자신이 꿈꾸던 삶에 가까워지고, 실패하면 많은 것을 잃을 수 있다. '해보지 않으면 모른다'라는 말도 옳지만 크게 다칠 것 같은 계획은 깊이 고민한 뒤 반드시 수정해야 한다.

02

'도산'이란 무엇일까
장사가 잘되어도 돈이 없으면 망한다

신문을 보면 종종 '○○사는 파산 절차 개시 결정을 받았고, 관재인으로 ○○변호사가 선임되었다'라는 내용의 기사가 실려 있다. 기업이 망했다고 하면 많은 사람이 '도산'이라는 단어를 떠올린다. 그런데 사실 도산이라고 해도 절차와 종류가 다양하고, 사업이 그 후에 어떻게 될지에 따라서도 내용이 다르다.

파산과 민사 재생

회사가 도산하는 방법은 여러 가지가 있는데, 그중 대표적인 몇 가지를 소개하도록 하겠다.

먼저 '파산'은 도산의 한 종류이며, 파산법에 근거한 절차다. 사업이 중단된 회사가 법원에 파산을 신청하면 변호사로부터 파산관재인이 지정된다. 파산관재인은 파산 회사의 자산을 매각하고 남은 돈을 채권자에게 분배해준다. 파산하면 회사의 자산은 사라진다. 일련의 절차가 끝나면 회사 자체도 소멸된다. 사업도 없어지는 것이다.

또 한 가지는 '민사 재생'이다. 이는 일본의 민사 회생법에 근거한 도산 절차다. 파산과 크게 다른 점은 회사의 존속을 전제로 한다는 것이다. 사업을 계속해나가면서 채권자에게 빚 삭감을 요구하거나 새로운 지원자를 찾아 자금 상황을 개선하고 회사의 회생을 목표로 한다. 경영자를 꼭 교체해야 할 필요도 없다. 민사 재생은 재생 가능성이 큰, 비교적 규모가 큰 기업을 중심으로 이루어진다.

도산에 이르는 유형

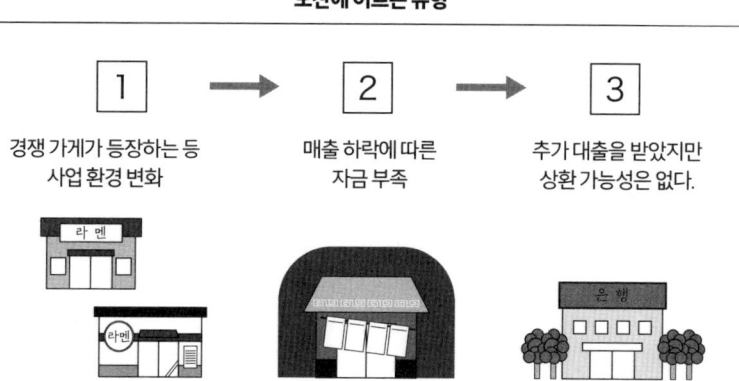

기업이 도산에 이르는 패턴

소규모 기업이 도산에 이르는 패턴은 대체로 비슷하다. 경쟁자의 등장으로 매출이 떨어지거나 원가가 급등하여 사업 환경이 악화된다. 이러한 경우 매출을 확대하거나 비용을 절감하여 이익을 늘려야 한다. 양쪽이 다 잘되지 않으면 이익이 감소한다.

이익이 감소하면 들어오는 돈이 줄어든다. 이익이 줄어도 급여와 매입 금액은 크게 변하지 않기 때문에 지급할 때 사용해야 하는 운전자금이 부족해진다. 그러면 추가로 대출을 받거나 자기 자금을 투입할 수밖에 없다. 장래가 유망한 사업은 펀딩 등으로 출자금을 모을 수 있다. 하지만 그다지 특별하지 않은 비즈니스를 하는 기업에게는 비현실적인 방법이다.

은행은 어떠한 기업이 대출을 요청하면 심사 단계를 거친다. 따라서 돈을 무한대로 빌릴 수 없다. 대출을 거절당하면 은행의 카드론이나 대부업체의 힘을 빌려야 한다. 이 단계에서도 사업이 개선되지 않고 자금 부족이 계속되면 대표자 부부뿐 아니라 자녀나 부모 명의로 카드를 여러 장 만들게 되어 회사와 개인의 빚이 빠르게 늘어난다.

일본의 경우, 카드론과 대부업체의 금리는 15% 내외이기 때문에 1천만 원을 빌리면 연 150만 원의 이자를 갚아야 한다. 경영이 어려워진 기업은 원금 상환은커녕 이자 지급도 어려우므로 빚이 눈덩이처럼 불어난다.

이렇게 다중 채무자가 되어 도저히 손을 쓸 수 없는 상태가 되어서야 변호사에게 찾아와 상담을 요청하는 사람이 상당히 많다.

파산을 할 경우, 변호사에게 지급할 보수를 확보해두어야 한다. 지역과 회사 상황, 규모에 따라 다르지만 어느 정도 자금을 마련해야 한다. 경우에 따라서는 1억 원 가까운 현금이 필요할 수도 있다. 도산하는 기업이 그만한 돈을 마련하기란 결코 쉬운 일이 아니다. 따라서 파산하는 기업은 거래처에 대한 지급을 늦추는 한편, 회수를 앞당겨 일시적으로 자금을 만들어야 한다. 그렇게 어렵게 만든 돈을 가지고 변호사 사무실로 달려가야 하는 것이다.

망하지 않으려면

사업이 망하지 않으려면 어떻게 해야 할까? 경영에는 여러 가지 요소가 복잡하게 얽혀 있으므로 모든 경우에 통용되는 답은 존재하지 않는다. 하지만 분명하게 말할 수 있는 것은 '돈이 남도록 경영해야 한다'라는 점이다.

사업에 특효약은 없다. 이익을 크게 낼 수 있는 업종을 찾았다 해도 후발주자가 나타나 시장이 확대되면 개별적으로 얻을 수 있는 이익이 감소한다. 반면 후발주자로 참여하는 업체도 이미 시장 가격이 형성되어 있는 상태이기 때문에 이윤의 폭을 키우기가 쉽지 않다.

특수한 기술을 보유한 회사나 브랜드 인지도가 높은 대규모 기업을 제외하고는 지출을 관리하면서 돈이 바닥나지 않도록 경영을 해나가야 한다.

정말 어쩔 수 없는 경우라면 사업 철수도 정답이 될 수 있다. 적자는 출혈과 같기 때문에 파산에 이르기 전에 조기 철수하는 것도 일종의 작전이다.

최악의 상황은 현재 상황이 적자인 줄도 모르고 돈이 계속 줄줄 새 나가게 내버려두는 것이다. 개인이 운영하는 라멘 가게의 경우 매출과 원재료비, 각종 세금과 같은 판관비를 정리하여 1년에 1회 확정 신고를 해야 한다. 작업을 최소화하려면 회계 데이터를 정리할 의무가 있는 것은 이 한 번뿐이다.

주먹구구식으로 경영하면 일일 매출과 재료비에 관한 데이터를 정확하게 파악할 수 없다. 충분한 손님이 있고 돈이 쌓여 있다면 큰 문제는 없을 것이다. 그러나 적자가 난다면 이야기가 달라진다.

데이터를 제대로 수집하지 않으면 애초에 흑자인지, 적자인지도 알 수 없다. 근거가 되는 숫자는 보유 자금의 증감뿐이다. 대출금 상환과 생활비에 들어간 돈도 있을 것이므로 사업이 어떤 상황인지 제대로 분석하기는 상당히 어렵다.

따라서 회계 데이터를 명확하게 파악해야 하는 것이다. 그래야 자신이 감당할 수 없는 위기가 닥쳐도 빠르게 사업 철수를 결정할 수 있기 때문이다.

환경 변화로 갑작스럽게 도산 위기에 처할 수도 있다

코로나19의 영향으로 사업 환경이 크게 바뀐 사례를 살펴보자.

아오모리현 등에서 5개의 가게를 운영하던 후쿠이 슈카즈 씨는 코로나19로 손님이 크게 줄자 연매출 15억 원을 올리던 회사를 청산하기로 했다.

2020년 3월, 코로나19로 인해 아오모리현의 학교들이 휴교를 단행했다. 그러자 주말 손님이 사라졌다. 늘 만석이어서 가게 앞에 줄을 서는 사람이 많았는데, 손님의 발길이 뚝 끊겼다. 그로 인해 3월과 4월에 5천만 원의 손실이 발생했다. 하지만 예금은 아직 충분하고 차입도 가능한 상황이었다. 그런데 시뮬레이션을 해보니 매출이 전년 대비 70% 수준으로 회복된다 해도 그해를 넘기지 못하고 도산할 가능성이 크다는 결과가 나왔다. 후쿠이 씨는 추가 대출 신청을 하지 않고 조기 폐업을 결심했다.

그 후 후쿠이 씨는 법적 절차를 밟았고, 2021년 7월 마침내 그의 가게는 이 세상에서 사라졌다. 후쿠이 씨는 빠른 판단으로 빚을 만들지 않았기에 새로운 인생을 살아나갈 것이라 믿는다.

만약 비슷한 상황에 처했는데 평소에 데이터를 제대로 파악하지 않았다면 신속하게 결정을 내리지 못할 것이다. 후쿠이 씨가 조기에 철수를 결정할 수 있었던 것은 고객 감소로 인한 손실과 자금 감소를 정확하게 예측했기 때문이다.

어려운 환경에 내몰리면 사람들은 '내일은 좋아지겠지'라고 막연히 낙관적으로 생각한다. 물론 운 좋게 금방 회복될 수도 있지만, 사태가 악화될 가능성도 생각해야 한다. 때늦은 결단은 일생을 어둠 속으로 밀어 넣을 수도 있다.

적절한 시점에 철수를 결정한다면 기회는 또 찾아올 것이다. 질질 끌며 계속해서 적자를 내는 것은 재도전 표를 버리는 것과 같다. 때로는 치명상을 입기 전에 서둘러 지혈부터 하고 심기일전하는 것도 필요하다.

03
라멘 가게 체인점이 생기는 이유
한 매장만으로는 이익을 내기 어렵다

줄을 서는 음식점이 2호점을 내는 것을 본 적이 있을 것이다. 사실 음식점은 매장 하나만으로 많은 돈을 벌기 어렵다. 한 공간에 들어갈 수 있는 인원이 정해져 있기 때문이다.

매출 공식을 확인하자

음식점 매출은 '객단가×좌석 수×회전율×영업일수'로 산출할 수 있다. 자, 여기 낮에 영업을 하는 가게가 있다. 객단가는 8,500원이고, 20석이 있는데 매일 두 차례 회전한다. 한 달 영업일이 25일이라면 이 가게의 매출은 어느 정도일까? 다음과 같이 계산할 수 있다.

8,500원 × 20석 × 2회전 × 25일 = 850만 원

원가율 30%, 점주 생활비 200만 원, 아르바이트생 인건비 200만 원, 각종 공과금 100만 원, 소모품 등 잡비 50만 원, 점포 월세 100만 원, 원가 이외 지출은 총 650만 원이다. 그러면 월 수지는 얼마일까? 다음과 같이 계산할 수 있다.

850만 원 × 0.7 - 650만 원 = -55만 원

즉, 매월 55만 원이 줄어든다. 게다가 세금도 납부해야 하고, 부채도 상환해야 하므로 자금이 더 빠져나간다. 대책을 마련하지 않으면 가게를 계속 운영할 수 없다.

같은 조건의 가게가 하루에 다섯 차례 회전한다고 가정하자. 오전 11시부터 오후 2시까지 영업을 하고 다섯 차례 회전한다면 가게에 머무는 시간은 인당 30분이다. 여기에는 손님이 자리에 앉아 식사를 하고 식사를 마친 뒤 직원이 정리하는 시간이 포함된다. 5회전이면 하루 100명이 찾는 셈이다. 인구 30만 명 정도의 지방 도시라면 상당히 인기가 있는 가게라 할 수 있다.

영업시간 중에는 행렬이 끊이지 않고 주방과 홀은 흡사 전쟁터처럼 바쁘다. 항상 자리는 꽉 차 더 이상 손님을 들일 수 없는 수준이다. 이

경우 매출은 다음과 같다.

8,500원 × 20석 × 5회전 × 25일 = 2,125만 원

그렇다. 손님이 늘었기 때문에 직원을 늘리지 않으면 빠르게 대응할 수 없다. 가스와 수도도 계속 사용해야 한다. 따라서 아르바이트생에게 지급해야 하는 인건비와 각종 공과금이 늘어난다. 아르바이트비는 2.5배, 각종 공과금은 1.5배 늘어난다고 가정하자. 그러면 아르바이트비는 500만 원, 각종 공과금은 150만 원이다.

휴지와 같은 소모품도 많이 쓰기 때문에 잡비도 2배인 100만 원으로 늘어났다고 가정하자. 가게 주인의 생활비는 변함없이 200만 원이라면 원가 이외의 지출 합계는 950만 원이다. 이 경우 수중에 남는 돈은 다음과 같다.

2,125만 원 × 0.7 - 950만 원 = 537만 5천 원

개인사업주의 경우, 매출에서 경비를 제외한 금액이 소득이며, 세금을 계산하는 금액이기도 하다. 가게 주인의 생활비(200만 원)는 경비가 되지 않으므로 월 소득은 다음과 같다.

200만 원 + 537만 5천 원 = 737만 5천 원

직장인의 연봉과 자영업자의 소득 차이

직장인의 경우 일반적으로 연봉이라 함은 총지급액을 의미한다. 사회보험료와 소득세 등을 공제받기 전의 금액이다.

자영업자는 매출에서 경비를 뺀 '소득'이 비교 대상이다. 앞의 예로 말하면, 737만 5천 원의 12개월분이 직장인의 연봉이다. 보너스는 없기 때문에 총 8,850만 원이다. 국세청의 조사에 따르면 2020년 일본의 직장인 평균 급여는 4,330만 원이었다. 그에 비하면 꽤 많아 보인다.

물론 이는 대략적으로 계산한 것이다. 밤에도 영업을 하는 등 영업시간을 늘리면 더 많은 돈을 벌 수도 있다. 그래도 상권이 30만 명 정도인 지방 도시에서 점심시간에만 하루 100그릇이 넘게 팔리는 라멘 가게는 꽤 인기 있는 편이라 할 수 있다.

또한 자영업자는 직장인과 달리 창업을 할 때 자금을 들여야 한다.

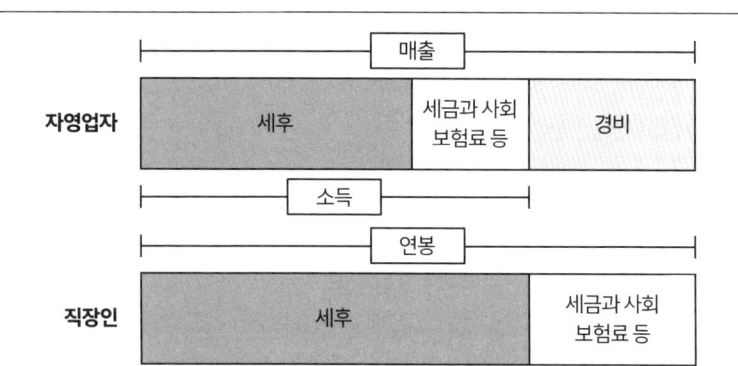

자영업자와 직장인의 소득과 연봉 차이

일반적으로 대출을 받아 초기 투자금을 충당하므로 이익에서 세금을 떼고 남은 돈부터 갚아야 한다. 금리 1%로 1억 원을 빌리고 10년 만기 상환인 경우, 월 상환액은 약 87만 원이다. 가독성을 돕기 위해 1년에 1,044만 원으로 잡도록 하겠다.

실제로 남는 돈을 계산해보자. 가령 소득세와 사회보험료를 빼고 70%의 돈이 남는다고 하자(직장인에게는 근로소득공제, 자영업자에게는 청색신고특별공제가 있다. 직장인은 사회보험료, 자영업자는 국민건강보험료를 내야 한다. 계산법은 각각 다르지만 여기서는 단순화해 계산하도록 하겠다).

평균적인 직장인이 세전 월급에서 세금과 사회보험료를 원천징수한 뒤 수중에 남는 돈은 다음과 같다.

4,330만 원 × 0.7 = 3,031만 원

하루 100명이 찾아오는 가게를 연간 1,044만 원의 빚을 갚으면서 운영하는 경우, 수중에 남는 돈은 다음과 같다(192쪽 표 참고).

8,850만 원 × 0.7 - 1,044만 원 = 5,151만 원

라멘 가게는 유행을 크게 타기 때문에 오랜 기간 운영하는 것이 매우 어렵다. 불과 몇 년 전까지만 해도 줄을 섰던 유명한 라멘 가게가 어느 날 아침에 문을 닫는 사례도 드물지 않다. 음식점 전체로 보면 100년 뒤에도 살아남을 수 있는 곳은 10%도 채 되지 않을 것이다.

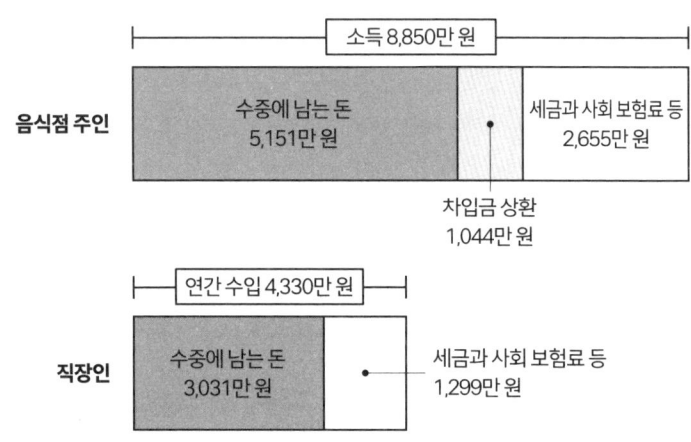

그 정도의 위험을 감수함에도 불구하고 수중에 남는 돈은 얼마 되지 않는다. 물론 평균적인 직장인보다 수중에 남는 돈은 많지만, 위험 대비 적절한 금액은 아닌 것처럼 느껴진다.

이익을 내기 위한 다점포 운영

음식점의 하루 최대 고객 수는 '좌석 수×회전 수'로 결정된다. 따라서 매출을 많이 올리려면 가게를 두 곳 이상 운영하는 방식을 써야 한다. 다점포 운영의 성공적인 예로 '체인화'가 있다. 일본 라멘 가게 중에서도 딱 떠오르는 브랜드가 몇 개 있다.

일본 대도시 역 근처에 가면 중화풍 라멘 가게 '히다카야日高屋'를 쉽게 만날 수 있다. 이 체인은 1973년 사이타마시 오미야구에 자리를 잡은 한 가게에서 시작되었다. 인근에서 서서히 점포 수를 늘려 1993년에 도쿄에 진출했다. 그 당시에는 모두 직영으로 운영되었는데, 2002년에는 점포 수가 100개가 넘었고, 2008년에는 200개를 돌파했다. 매출액도 2004년에는 1천억 원, 2009년에는 2천억 원을 달성했다고 한다. 현재는 프랜차이즈를 포함하여 400개 이상이 영업하고 있다.

이 정도 규모로 성장하는 것은 상당히 드문 일이긴 하지만, 인기 있는 가게가 지점을 내는 것은 라멘 가게만이 아니다. 예를 들어 나는 격투기를 좋아하는데, 인기가 많아진 도장은 조금 떨어진 지역에 두 번째 도장을 내는 경우가 많다. 지금은 전 세계에 있는 유니클로도 마구치현의 한 점포에서 시작되었다.

다점포 운영 시 수지 계산

이처럼 규모를 키우려면 영업장소를 늘려야 한다. 앞서 언급한 라멘 가게가 두 번째 가게를 낸 경우를 생각해보자. 두 번째 지점도 본점과 마찬가지로 하루에 5회전을 달성하는 인기 매장(월 매출 2,125만 원)으로 성장해 인건비가 월 400만 원 드는 정규직을 1명 고용했다고 가정하자.

그 외 조건이 모두 같다면 원가 이외의 지출은 1,150만 원이다. 내역은 아르바이트비 500만 원, 점장 인건비 400만 원, 각종 공과금

150만 원, 잡비 100만 원이다. 이러한 경우 수지는 다음과 같다.

2,125만 원 × 0.7 – 1,150만 원 = 337만 5천 원

세금과 보험료 30%를 공제하고, 두 번째 점포도 같은 금액을 상환(월 87만 원)한다고 하면 수중에 남는 돈은 다음과 같다.

337만 5천 원 × 0.7 – 87만 원 = 149만 2500원

이를 1년 치로 환산하면 1,791만 원이다. 그렇게 많이 남지 않는 것처럼 보일 수도 있지만, 5년 반 만에 빚을 내 투자한 1억 원을 회수할 수 있다. 가게가 순조롭게 영업을 해나간다면 매우 좋은 투자라 할 수 있다.

세 번째, 네 번째 점포를 늘릴 수 있으면 차입금 상환을 끝낸 점포에서 얻는 이익을 상환에 돌릴 수 있으므로 성장 속도는 더욱 빨라진다. 히다카야의 사례를 보면 점포 수가 늘어나는 속도가 점점 빨라지고 있음을 알 수 있다.

물론 다점포화로 인한 리스크도 있다. 차입금 총액과 고정비가 점포 수에 비례해 늘어나기 때문에 가게의 인기가 떨어지면 돈도 그만큼 빨리 줄어든다.

리스크를 피하고 안정적인 소수 점포로 경영하는 것도 잘못은 아니다. 경영에 정답이란 존재하지 않으므로 시류와 환경을 파악한 뒤 마

지막에는 경영자가 판단해야 한다. 지점을 낼 때는 관리 능력뿐 아니라 배짱과 센스도 시험당하게 될 것이다.

04

계산은 맞는데 돈이 모자란다고?

라멘 가게의 감가상각과 세금

세무사의 주된 업무는 결산과 신고 대행이다. 매월 경영 상담에 응하는 고객도 있고, 신고 때만 작업을 요청하는 고객도 있다. 1년에 한 번 정도만 만나는 고객도 있고, 경리 업무를 제대로 하지 않고 매출을 적은 노트와 영수증 다발을 가지고 오는 고객도 있다.

개인사업자의 계좌를 들여다보면 사업용 계좌와 생활비 계좌가 동일한 경우가 많다. 재료 매입과 매출, 집세, 아이의 학원비가 같은 지갑에서 나간다. 이런 상태가 1년 이상 지속되면 어디에 어떤 돈이 쓰였는지 제대로 파악하기 어렵다.

그럴 때는 입출금 내용을 하나하나 뜯어보며 사업과 관련된 지출은 경비에 계상하고, 관련 없는 것은 생략하면서 확정 신고 업무를 해나가야 한다.

이익금만큼 현금이 늘어나지 않는다고?

그렇게 1년 치 작업을 마친 뒤 이익금을 말해주면 "어? 그렇게 이익이 많이 났었다고?"라고 말하며 곤혹스러워하는 사람들이 있다. 이유는 모두 같다. 이익에 상당하는 돈이 남아 있지 않기 때문이다.

'계산은 맞는데 돈이 모자란다'라는 말이 있다. 이익이 났는데 자금이 부족한 상태를 말하며, 최악의 경우 사업을 계속해나갈 수 없다.

회사 자금은 계속해서 이익을 내지 않으면 줄어든다. 자금을 늘리는 방법은 '이익을 낸다', '차입을 한다', '보유 자산을 판다' 등이 있다. 하지만 차입금은 상환해야 하고 보유 자산을 팔면 자산이 없어진다. 안정적으로 자금을 얻으려면 이익을 내는 것이 원칙이다.

다만, 보통은 이익금만큼 돈이 늘어나지 않는다. 은행에 대한 상환금은 경비로 잡히지 않으므로 대출을 상환한 만큼 이익에서 돈이 줄어든다. 또 설비 투자를 하면 감가상각(102쪽 표 참고)을 통해 지출한 금액이 몇 년으로 분할되어 경비에 계상된다.

예를 들어 6년 만에 감가상각되는 3천만 원짜리 차를 샀다고 가정하자. 그 해에는 3천만 원이 줄어든다. 정액법으로 상각할 경우 연간 6분의 1인 500만 원을 경비로 처리할 수 있다. 회계연도 중간에 샀다면 월할 계산을 하므로 금액은 더욱 적어진다.

반면 상환 기간이 3년이면 이자를 제외하고도 연간 1천만 원을 갚아야 한다. 상환이 끝날 때까지는 경비에 계상하는 금액보다 나가는 돈이 더 많다.

이렇게 실제로 지출이 있지만 경비가 되지 않는 금액이 누적되면 이익이 나도 돈이 수중에 남지 않는다.

세금은 나중에 찾아온다

또 하나, 세금이 무서운 점은 '후불'이라는 것이다. 소득세도, 주민세도, 소비세(한국의 경우 부가가치세)도, 법인세도 기본적으로 결산 시 계산하여 나중에 세금을 납부해야 한다.

매출 회수는 세금 납부보다 이른 시점에 이루어진다. 따라서 매출

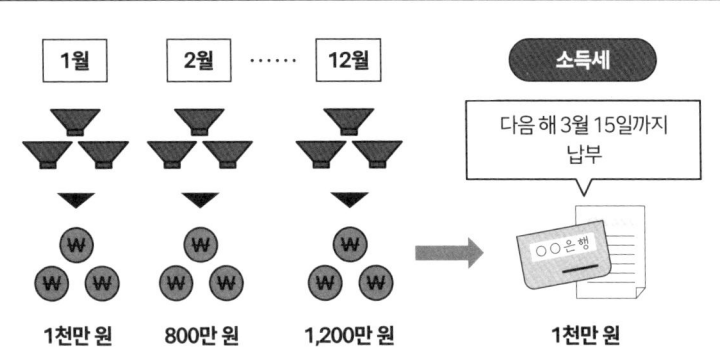

세금은 후불이다(소득세 예시)

에서 경비를 지급하고 남은 돈을 사용해버리면 세금을 낼 돈이 부족할 수도 있다.

'주먹구구라멘'의 사장 S씨를 기억할 것이다. 그의 가게는 TV에 소개된 뒤 히트를 쳤고, 매출이 전년 대비 두 배로 뛰어올랐다.

세전 원가율은 35%, 세전 고정비는 8천만 원이라고 하자. 고정비 중 1천만 원은 경비가 되지만 현금 지출은 없는 감가상각비라고 하자.

대히트를 친 전년도 매출은 세금 포함 2억 2천만 원, 세금을 제외하면 2억 원이었다. 대출금 상환은 월 150만 원, 소득세와 주민세, 건강보험료 등 세부담률은 30%로 하자. 이 경우 수중에 남는 돈은 다음과 같다.

공헌이익: 2억 원 × 0.65 = 1억 3천만 원

소득: 1억 3천만 원 – 8천만 원 = 5천만 원

세액: 5천만 원 × 0.3 = 1,500만 원

세후: 5.000만 원 – 1,500만 원 = 3,500만 원

그렇다면 세후인 3,500만 원이 그대로 수중에 남을까? 그렇지 않다. 지출이 없는 감가상각비와 경비로 잡히지 않는 차입금 상환이 있기 때문이다.

상환액: 150만 원 × 12개월 = 1,800만 원

수중에 남는 돈: 3,500만 원 + 1천만 원 (감가상각비) – 1,800만 원 = 2,700만 원

이것이 생활비 등으로 사용할 수 있는 금액이다. 한 달에 225만 원 정도이기 때문에 아이가 있으면 저축은 어려울 수도 있다. 상환금이 적으면 좀 더 여유가 생긴다. 만약 차입이 없다면 한 달에 사용할 수 있는 금액은 375만 원이다. 초기 투자를 무리하게 하지 않는 것이 좋다는 사실을 알 수 있다.

납부를 잊기 쉬운 소비세

주의해야 할 것은 소비세다. 여기서 잠깐! 한국의 경우 10%의 부가가치세가 물건값에 포함되어 있어 최종 소비자가 부담한 세금을 사업자가 보관해두었다가 6개월간 모아서 납부한다. 부가가치세 세율은 일반과세자와 간이과세자가 다르게 적용된다. 일반과세자와 간이과세자는 부가가치세 신고 및 납부 방법에 차이가 있지만 소득세 등 다른 세금은 차이가 없다.

다시 일본의 경우로 돌아가자. 소비세는 제도상 사업자가 소비자로부터 맡아두고 매입 등으로 지급한 금액과의 차액을 납부하게 되어 있다. 다만, 중소사업자는 차액 계산의 사무 부담을 줄이기 위해 간이과세라는 제도를 인정한다. 아무튼 보유한 현금이 일시적으로 늘어나지만 매출이 많을수록 많은 금액을 나중에 소비세로 내야 한다.

간이과세의 경우 음식점의 간주 매입률은 60%다. 이것은 '매출로 예치한 소비세의 60%를 구매해 지급한 소비세로 간주하므로 나머지

40%를 납부해달라'라는 시스템이다. S씨의 '주먹구구라멘'도 맡긴 소비세 중 40%를 내는 것으로 가정하자.

일본의 소비세가 10%이고 세금 포함 매출이 2억 2천만 원이면, 세전 매출은 2억 원이고 차액인 2천만 원이 맡아둔 소비세다.

소비세액: 2천만 원 × 0.4 = 800만 원

이 800만 원은 먼저 받게 되므로 일시적으로 수중에 들어온다. 이때 왠지 모르게 공돈이 생긴 것 같은 기분에 그 돈을 써버리는 사람이 많다. 제대로 돈을 남겨두면 좋겠지만 이미 써버렸다면 나중에 납부액을 알고 당황할 수밖에 없다.

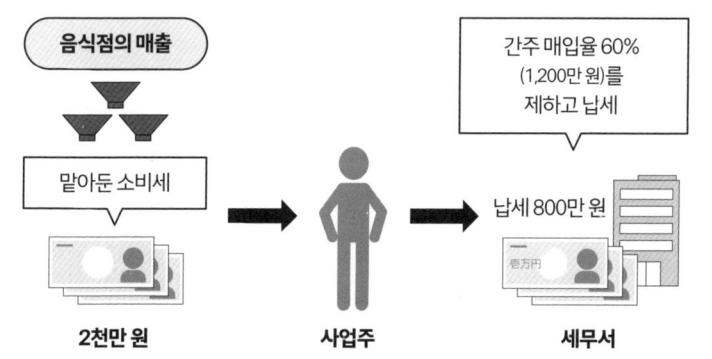

'간주 매입율'이란?

4장 - 라멘 가게 경영자에게 배우는 '돈을 잘 남기는 방법'

매출이 발생해도 흩어져 있으면 본전도 못 찾는다

이번에는 매출이 배로 뛴 해를 예로 들어보도록 하겠다. 매출은 세금을 포함하면 4억 4천만 원, 세금을 제하면 4억 원이었다. 세부담률은 40%로 증가한다고 하자. 그 외 조건이 그대로라면 수중에 남는 돈은 다음과 같다.

공헌이익: 4억 원 × 0.65 = 2억 6천만 원

소득: 2억 6천만 원 - 8천만 원 = 1억 8천만 원

세액: 1억 8천만 원 × 0.4 = 7,200만 원

세후: 1억 8천만 원 - 7,200만 원 = 1억 800만 원

상당히 큰 이익이 났다. 실제 계산법은 더 복잡하고 세부담률도 커지지만 이해를 돕기 위해 단순화했다. 이만큼 매출이 오르면 감가상각비와 상환금을 고려해도 수중에 남는 돈이 크게 늘어난다.

상환액: 150만 원 × 12개월 = 1,800만 원

수중에 남는 돈: 1억 800만 원 + 1천만 원 (감가상각비) - 1,800만 원 = 1억 원

한 달 치로 생각하면 830만 원 정도를 사용할 수 있다. 꽤 성취감을 느낄 수 있는 금액이다. 들어오는 돈이 늘어나면 씀씀이가 커지는 사람들이 꽤 많다. 장사가 잘되면 생활 방식이 바뀌어 비싼 자동차를 사

고 비싼 술을 마시러 다닌다. 주위에서 이런 사람을 본 적이 있을 것이다. 돈이 많아지니 신이 나 마구 써버리다가 회사나 가게를 망치는 사람이 한둘이 아니다.

'주먹구구라멘'의 사장 S씨 역시 저축액이 늘어나자 배짱이 두둑해졌다. 그는 어릴 적부터 꿈에 그리던 포르쉐를 구입하기로 결심했다. 가격은 1억 원! 포르쉐를 구입하면 저축액이 많이 줄지만, '내년에도 벌면 되지'라고 생각하며 일시불로 질렀다. 술을 마시는 횟수도 늘었다. 그렇게 하루하루를 보내다 보니 저축액은 어느새 다 떨어지고 말았다.

그렇다면 가게는 어떻게 되었을까? TV 방송에 나온 효과는 사라지고, 고객 수는 이전 수준으로 줄어들었다. S씨는 마음을 다잡고 다시 노력해보기로 결심했다. 그러던 차에 결산 작업을 의뢰한 세무사가 납세액을 알려왔다. 세금 포함 매출이 두 배로 뛰었으므로 일시적으로 맡아둔 소비세도 두 배인 4천만 원이나 되었다.

소비세액: 4천만 원 × 0.4 = 1,600만 원

하지만 S씨에게는 소비세는 물론 소득세와 주민세를 낼 돈도 남아 있지 않았다. 곤란해진 S씨는 포르쉐를 팔 수밖에 없었다.

자금 운영은 철저하게!

분명 '너무 극단적인 예 아니야?'라고 생각한 사람도 있을 것이다. 하지만 이런 일이 실제로 벌어지고 있다. 나는 도산 직전에 있는 기업을 다시 일으켜 세우는 '사업 회생'이라는 일을 의뢰받은 적이 있다. 이때 제일 먼저 하는 일은 상황 분석이다. 결산서를 확인하여 무엇이 문제인지 하나하나 파악해나간다.

그런 기업은 적자가 누적되어 자금이 소진되는 경우가 대부분이다. 팩터회사에 수수료를 지급하고 외상매출금을 일괄 양도하는 '팩터링'을 이용하는 경우가 많다. 수수료를 지급해야 하므로 현금 수입이 본래보다 적어지지만 자금 사정이 어려운 경우에는 손을 대고 만다.

개인사업자는 세금을 내기 위해 자신이나 가족 명의의 카드론을 이용하는 경우가 많다. 그런 상황에 이르면 일시적으로 자금이 회복되어도 금리만큼 나가는 돈이 늘어나 시간이 지날수록 고통이 가중된다.

위기 시 필요한 것은 임시방편인 자금 조달이 아니라 본업을 근본적으로 개보수하는 것이다. 차입에 의존할 것이 아니라 불필요한 지출을 줄이거나 가격을 재검토하여 남는 돈을 늘리는 것이 중요하다.

인생이 어두운 쪽으로 방향을 트는 계기는 매우 사소하다. 신바람이 나서 위기를 초래하지 않도록 늘 발밑을 확인하자.

05

라멘 가게도 무서워하는 세무 조사
경비가 되는 것과 안 되는 것

나의 본업은 공인회계사, 법무사, 행정사, 세무사 등이다. 공인회계사는 기업 결산 감사와 경영에 대한 조언이 주된 업무다. 법무사는 일반인에게 조금 생소할 수도 있다. 평소에는 필요하지 않은 업무, 즉 매매나 상속에 따른 부동산 명의 변경, 회사 본점 이전 등 등기가 필요한 절차를 대리하여 수행한다. 행정사는 건설업 허가를 취득하기 위한 서류 작성 등을 한다. 세무사는 개인 및 회사의 세무 신고를 대리하는 것이 주된 업무다.

많은 서류를 작성해 법원, 세무서, 시청 등과 매일같이 소통한다. 이 가운데 세무서에서의 절차는 조금 차이가 있어 언제나 바짝 긴장한 상태로 일을 한다.

세무서는 실수를 지적해주지 않는다

비교를 위해 법무사의 업무라고 했던 부동산 등기 절차에 대해 설명하도록 하겠다. B가 A의 땅을 샀다고 하자. 이때 'A의 땅을 C가 샀다'라는 내용으로 명의 변경을 신청하면 어떻게 될까?

등기 신청은 해당 토지가 소재한 곳을 관할하는 등기소 소관이다. 그곳에서는 등기관이라는 전문직이 모든 신청 내용을 확인한다. 이번 신청 서류는 'B가 샀지만 C의 명의로 해달라'라는 내용이다. 첨부 서류로 제출할 계약서에 B가 구매한 것으로 기재되어 있으니 내용이 일치하지 않는다.

이때 등기관은 신청 서류와 첨부 서류를 대조하며 내용을 확인한다. 그리고 내용이 올바르지 않다고 판단하면 서류 수정을 요구하거나 때로는 신청을 각하한다. 이 경우 권리취득자를 잘못 알고 있으므로 절차를 밟은 사람이 자진 취하를 하지 않으면 등기 신청은 각하된다. 이렇게 잘못된 신청이 이루어지면 등기관으로부터 며칠 이내에 연락이 온다.

행정사도 시청 등에 서류를 제출한다. 제출 후의 흐름은 기본적으로 동일하다. 내용을 확인해 오류가 발견되면 며칠 이내에 수정을 요구하는 연락이 온다.

반면 세무서는 전혀 다르다. 가장 큰 차이점은 내용에 오류가 있어도 그대로 접수된다는 것이다. 이것이 바로 우리가 긴장해야 하는 이유다.

대충 신고하면 '세무 조사' 대상이 될 수도 있다

'세무 조사'라는 말을 들어보았을 것이다. 이는 주로 회사나 개인사업주를 대상으로 하는 절차다. 세무서 조사관이 신고된 내용이 맞는지 직접 확인한다. 구체적으로는 조사관이 회사나 가게에 방문해 신고 서류와 회계 장부, 통장, 영수증 등을 대조하며 이것저것 질문한다.

조사 대상은 기본적으로 과거 3년 치다. 다만, 조사 과정에서 부정한 계산이나 신고 누락 등이 발견되면 대상 기간이 5년 치로 늘어날 수도 있다. 만약 의도적인 매출 누락 등 악질적인 행위가 발각되면 7년 치까지 거슬러 올라갈 수도 있다.

신고 내용이 잘못되면 내용을 수정해야 하고, 그러면 세금 납부 금액도 달라진다. 이럴 경우 추가 납부하는 경우가 대부분이다.

즉, 신고를 허술하게 했어도 세무서로부터 신속하게 연락이 오지 않는다. 오류가 발견되는 것은 어느 정도 기간이 지난 후 조사가 들어갔을 때다. 이게 정말 무서운 점이다.

신고는 성실하게!

성실하게 신고했다면 세무 조사를 두려워할 필요가 없다. 내가 고문을 맡은 기업의 세무 조사에 입회한 적이 있는데, 분위기가 매우 화기애애했다. 견해 차이로 인해 지적을 받을 수도 있지만 추가 납부액은 몇

십만 원인 경우가 대부분이다.

반면 제대로 신고를 하지 않은 경우에는 긴장을 할 수밖에 없다. 고문을 맡고 있지는 않지만 지인의 부탁으로 한 기업의 세무 조사에 입회한 적이 있다. 아침부터 저녁까지 취조를 받는 듯한 살벌한 분위기가 이어졌다. 제대로 신고하지 않으면 눈빛이 날카로운 조사관으로부터 질문 공세를 받게 된다. 그러면 식은땀을 흘리며 하나하나 해명을 해야 한다.

'주먹구구라멘'의 사장 S씨를 다시 소환하자. S씨는 신고 기한이 다가왔지만 정확한 매출이 얼마인지 알지 못했다. 영수증도 이리저리 흩어져 있었다. 지금까지는 세무사에게 모든 것을 맡겼는데, 이번에는 수중에 돈이 없어 그러지 못할 듯했다.

S씨는 마음이 너무 초조했지만 자포자기한 심정으로 '그래! 대충하면 되겠지. 설마 무슨 일이 생기겠어?'라고 생각했다. 매출은 2억 원, 경비는 각 항목에 적당히 계상해 총 2억 원이 되도록 했다. 소득은 없기 때문에 소득세는 부과되지 않을 듯했고, 소비세는 잘 몰라 그냥 무시했다.

S씨는 그렇게 적당히 만든 신고서를 가지고 세무서에 방문했다. 조마조마한 마음으로 창구에 접수하니 별 문제 없이 접수가 완료되었다. S씨는 가슴을 쓸어내리며 '어? 이렇게 하면 되는 거였어?'라고 생각했다. 그리고 앞으로도 세무사의 도움을 받을 필요가 없겠다고 생각했다.

S씨는 신이 나 다음 해에도, 그 다음 해에도 똑같은 숫자로 신고서를 작성해 제출했다. 그로부터 몇 년이 흘렀다. '주먹구구라멘'의 경영

은 제자리걸음에서 벗어나지 못했다. 망하지는 않았지만 매달 지급할 돈이 빠듯하고 수중에 현금이 얼마 남아 있지 않았다. 그래도 매일 열심히 라멘을 만들며 충실한 나날을 보냈다.

그러던 어느 날이었다. '내일도 힘내자!'라고 각오를 다지며 가게를 정리하고 있는데 전화벨이 울렸다.

"세무서입니다. 세무 조사로 방문하겠습니다."

S씨는 조금 당황했지만 별일 없을 것이라고 생각했다.

며칠 후에 가게에 방문한 조사관은 가게의 계산대 기록과 은행 계좌를 뒤지기 시작했다. 그 결과, S씨는 5년 치의 소득세와 소비세, 각종 벌금을 합쳐 1억 원을 납부하라는 안내를 받았다. S씨는 순간 눈앞이 깜깜해졌고, 아무 말도 하지 못했다.

추징세액은 점점 부풀어 오르기도 한다

납세 의무가 있는 소비세를 납부하지 않거나 매출을 속이면 벌을 받는 것이 당연하다. 요즘에는 회계 프로그램이 발달하여 세무사에게 의뢰하지 않고 스스로 확정 신고를 하는 사람이 늘었다. 규칙에 따라 제대로 신고하면 아무런 문제가 없다. 하지만 그렇지 않을 경우 재기 불능 수준의 상황에 처할 수도 있다는 사실을 늘 기억하기 바란다.

이렇게 극단적이진 않더라도 모든 지출을 경비에 넣으려는 사람이 상당히 많다. 경비가 많으면 이익이 줄어 세금이 줄어들기 때문이다.

그래서 업무와 관계없는, 예를 들어 옷이나 만화책 등을 산 금액도 사업경비에 집어넣어 이익을 줄여 신고하는 사람이 있다.

개인사업주의 경우 경비로 처리할 수 있는 것은 사업과 관련된 지출뿐이다. 무엇이든 경비에 넣을 수 있다면 쓸데없는 곳에 돈을 펑펑 쓴 사람이 세금을 적게 낼 수도 있으니 형평성에 어긋난다.

세무 조사가 시작되면 조사관은 영수증과 장부를 꼼꼼하게 확인한 뒤 날카롭게 질문을 던진다. 예를 들어, 교제비에 계상한 레스토랑의 영수증에 어린이용 메뉴가 들어 있으면 "누구와 간 겁니까?"라고 묻는다. 이는 매우 잘 나오는 질문이다. 가족끼리 식사를 한 건데 경비로 처리한 건 아닌지 의심하는 것이다. 조사관은 매일매일 많은 신고서를 들여다보고 조사를 하는 사람이므로 웬만한 속임수는 통하지 않는다.

매일 관리를 잘한다 해도 세무 신고를 대충하면 나중에 엄청난 추징 과세를 받고 좌절할 수도 있다. 경비가 아니라는 것을 알면서도 경비에 넣는 것은 고의 탈세에 해당하므로 발견되면 엄중한 처분을 받는다. 성실한 신고는 가게 경영을 하는 데 매우 중요한 요소이므로 절대 유혹에 빠지지 말자.

06
라멘 가게 사장님은 어떤 사람일까
사업상의 '개인'과 '법인'의 차이

일본에는 세계에서 가장 오래된 역사를 가진 회사가 있다. 주로 신사와 절을 짓는 '곤고구미金剛組'라는 전통건축 전문회사로, 무려 서기 578년에 창업했으며, 오사카에 위치해 있다. 일본 쇼토쿠 태자가 백제 장인을 초청하여 건축을 시작했다고 하며, 현대까지 사원을 건립하는 기술을 전수하고 있다.

'회사'가 뭐지?

그런데 '회사'란 무엇일까? 법률에 따르면 회사는 '법인'이라고 한다.

법인이란, 자연인(살아 있는 인간) 이외에 법률에 의해 존재가 인정되고 권리 능력의 주체가 될 수 있는 존재를 말한다. 쉽게 말해, 실체는 없지만 사람을 고용하거나 부동산을 사거나 저축을 할 수 있는 단체가 바로 법인이다.

그렇다면 단체라면 무엇이든 법인이라고 할 수 있을까? 그렇지 않다. '법으로 인정받았다'라는 점이 핵심이다. 법인은 그 종류에 따라 근거가 되는 법률이 있고, 각각의 규정이 있다.

가장 일반적으로 알려진 것이 회사라는 법인이다. 사실 회사의 종류도 매우 다양하다. 주식회사, 합자회사, 유한회사 등의 명칭을 들어본 적이 있을 것이다. 상법에 설립이나 운영에 대한 규정이 정해져 있다.

회사 외 법인으로 재단 법인과 사단 법인 등이 있다. 일본스모협회는 공익 재단 법인에 속한다. 반상회나 학교 학부모회 등은 단체이지만 법인화하지 않은 경우가 대부분이다. 이것들은 '임의 단체'라고 불리기도 한다.

회사에 사장이 있는 것이 당연하다고?

보통 회사에는 사장님이 있다. 그런데 회사 설립의 근거법인 상법에는 '사장이 회사의 수장이다'라고 규정되어 있지 않다. 회사 임원이 이사이고, 그중 회사를 대표할 수 있는 사람이 대표이사로 정해져 있다. 법률 규정은 없어도 사장이나 전무 등의 직책명이 관례로 붙어 있는 경우가 많다.

그런데 사업을 할 때는 개인이 운영하는 경우와 회사를 설립해 법인으로 경영하는 경우로 나뉜다. 라멘 가게도 마찬가지다. 하지만 겉모습으로는 티가 나지 않아 가게에서 라멘을 먹으면서 어느 쪽인지 확인할 수 없다.

사장님이라고 하면 왠지 대단한 존재처럼 느껴진다. 하지만 "오래 기다리셨습니다"라고 씩씩하게 말하며 라멘 그릇을 내주는 아저씨가 사실은 사장인 경우도 많다. 나 역시 드래곤라멘을 운영했을 때는 사장이었다.

그 당시 초등학교 2학년이었던 아이에게 "아빠가 사장이야"라고 말해주었더니 매우 감동한 표정으로 "아빠, 대단해!"라고 말하며 엄지를

'법인화'란?

개인이 경영		법인이 경영
점주 (라멘 가게)	→	오너(소유자) — 출자하여 회사를 소유 → 사장(경영자) 라멘 가게

소규모 기업은 오너와 사장이 동일한 경우가 대부분이다.

치켜세워주었다. 하지만 실제로는 직접 육수를 내고 면을 삶는 등 일반 라멘 가게 주인과 똑같은 일을 했다.

개인사업과 법인은 기본적으로 언제든지 전환할 수 있다. '법인화'라는 말을 들어본 적 있을 것이다. 이는 개인이 하던 사업으로 회사를 설립하고 법인 경영으로 전환하는 것을 말한다. 규모가 커지면 법인화하는 경우가 많다. 라멘 가게도 유명한 체인의 운영 주체는 대부분 법인이다.

법인은 사업 매매를 쉽게 할 수 있다

그럼 조직이 커지면 왜 법인화를 하는 것일까? 우선, 조직을 지속시키기 위해서, 경영을 안정화시키기 위해서다. 사람은 언젠가는 죽는다. 경영자도 예외가 아니다. 그것이 먼 미래의 이야기일지, 갑작스러운 일이 될지는 그 누구도 알 수 없다.

그런데 그런 일이 발생했을 때 운영 주체가 법인인지, 개인인지에 따라 대응이 달라진다. 둘 다 소규모라면 경영자만이 알고 있는 업무가 많기 때문에 매우 혼란스러울 것이다. 그래도 법인 쪽이 경영을 다시 안정시키는 데 드는 시간이 더욱 짧을 수 있다. 법인은 그 자체로 권리 능력이 있고 허가와 재산을 취득할 수 있기 때문이다.

예를 들어, 음식점 영업 허가를 받을 경우 개인사업주라면 개인이 취득하는 것이므로 영업허가증에 개인의 이름이 기재된다. 반면 법인은 법인이 취득하는 것이므로 법인명이 기재된다. 그렇기 때문에 개인보다는 법인이 사업을 인수인계하는 것이 좀 더 수월하다.

드래곤라멘은 내가 대표이사 사장을 맡았으며, '주식회사 SEEHO'가 운영 주체였다. 나중에 내가 몸이 아파 일을 할 수 없게 될 수도 있고, 다른 사업에 집중하기 위해 라멘 가게를 팔게 될 수도 있는 상황을 염두에 둔 것이다.

이러한 경우 사업을 넘기는 방법은 몇 가지가 있다. 기업 인수합병 M&A이라는 말을 들어보았을 것이다. 가장 흔한 방법은 회사의 주식을 사들이는 것이다. 주식회사는 소유와 경영이 분리되어 있어 주식을 보유한 주주가 임원을 선정하고, 그렇게 선정된 임원이 회사를 운영한다.

주주는 주주총회에서 사장을 포함한 임원을 선정하는데, 기본적으로 과반수의 찬성을 얻은 안이 승인된다. 즉, 과반수의 주식을 보유하고 있으면 임원을 자유롭게 선출할 수 있고, 실질적으로 회사를 지배할 수 있다.

M&A로 주식을 매입해 회사의 지배권을 획득한 경우 임원, 또는 주주의 구성이 바뀌지만 회사 자체에는 큰 변화가 없다. 보유 자산과 취득한 허가는 그대로이므로 사업을 중단시키지 않고 매수할 수 있다.

사장이 갑자기 사망하는 경우에도 마찬가지다. 곧바로 새로운 사장을 선출하면 회사 운영에 법적인 지장이 없다. 법인 경영은 개인사업에 비하면 지속해나가기 쉬운 편이다.

법인이 되면 소득을 분산할 수 있다

조직이 커지면 법인화를 하는 또 하나의 이유는 소득을 분산하여 자금을 남기기 쉽게 하기 위해서다. 개인사업을 법인화한 경우 오너는 보통 사장이 된다. 소규모 기업에서는 주식 보유자와 경영자가 같은 경우가 많다. 같으면 안 된다는 법은 없다.

이럴 경우 주인이 수입을 얻는 방법은 크게 달라진다. 법인화하기 이전에는 사업을 하고 남은 금액이 수입이다. 라멘 가게의 경우 매출에서 매입한 금액과 임대료 등을 모두 지급하고 남은 것이 주인의 몫이며 수입이 된다.

그러나 법인화를 하면 오너에게는 '회사 임원'이라는 직책이 부여된다. 변함없이 국물을 끓여 라멘을 만들지만 직함이 '자영업자'에서 '대표이사 사장'이 되는 것이다. 임원이 되면 다른 직원들과 마찬가지로 회사에서 월급을 받는다. 그로 인해 소득이 분산되고 결과적으로 세금이 줄어든다.

알기 쉽게 단순화해서 설명하겠다. 어느 해 라멘 가게의 이익이 1억 5천만 원이었다고 하자. 소상공인은 이 금액을 기초로 세금을 계산한다. 소득세는 누진과세제도를 채택하고 있으며, 소득이 높을수록 적용 세율도 커진다. 소득이 1억 5천만 원이었을 때의 세율은 35%이며, 소득에 세율을 곱한 금액에서 정해진 공제액을 공제한다. 소득이 1억 5천만 원인 경우 공제액은 1,544만 원이다. 단순화를 위해 각종 공제 항목을 고려하지 않고 세액을 계산하면 다음과 같다.

1억 5천만 원 × 0.35 - 1,544만 원 = 3,706만 원

이번에는 법인의 경우를 보자. 1억 5천만 원 이익에서 7,500만 원을 임원 보수로 사장(자신)에게 지급했다고 하자. 그러면 법인 소득도 7,500만 원, 사장 소득도 7,500만 원이다.

자본금 10억 원 이하 법인이 연 2억 원까지의 소득에 적용받는 세율은 9%다.

7,500만 원 × 0.09 = 675만 원

임원 보수로 받는 7,500만 원에도 세금이 붙지만 여기에는 '근로소득세액공제'가 적용된다. 직장인도 정장이나 신발 등을 사기 때문에 간주 경비로 취급하는 셈이다. 7,500만 원이면 근로소득공제는 50만 원, 공제 후 소득은 7,450만 원이다. 그리고 소득 7,450만 원에 적용되는 세율은 24%, 공제액은 576만 원이다.

7,450만 원 × 0.24 - 576만 원 = 1,212만 원

그리고 법인세와 소득세를 합산한 금액은 다음과 같다.

675만 원 + 1,212만 원 = 1,887만 원

개인사업보다 법인화를 하는 것이 총세금이 저렴하다는 것을 알 수 있다(아래 표 참고). 실제로는 그 밖에도 다양한 공제 항목이 있으므로 계산 방식이 더 복잡하지만 소득 분산으로 인해 세금이 저렴해지는 것은 분명하다.

또한 법인화를 하면 배우자나 자녀를 임원으로 등록해 보수를 지급할 수 있다. 개인사업도 가족을 직원으로 채용할 수는 있지만, 법인 쪽이 제도상 장벽이 낮다. 즉, 법인화를 하면 가족 단위로 돈을 남기기가 더욱 쉽다.

세세한 수치까지 모두 기억할 필요는 없다. '돈을 많이 벌게 되면 법인화를 하는 편이 낫구나' 정도만 기억하면 된다. 그런 느낌이 들면

개인과 법인의 납부 세금 차이

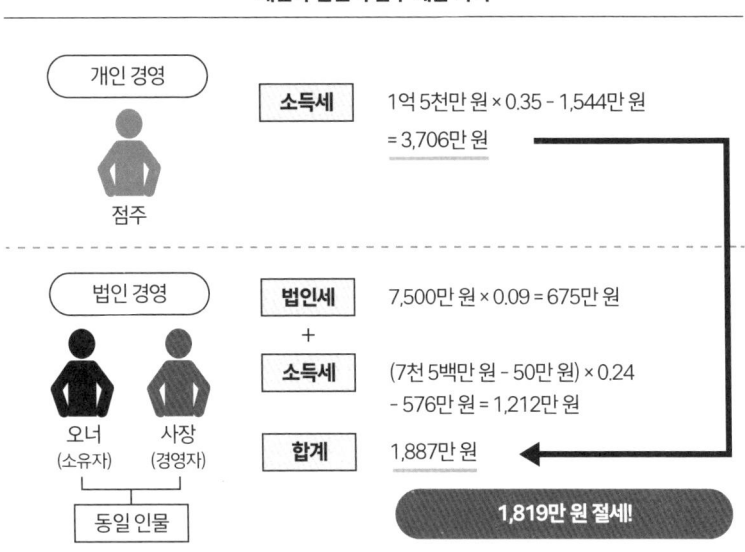

그때는 전문가에게 조언을 구하자. 세무사와 법무사 등 전문가는 그런 상담을 받기 위해 존재하니 말이다.

[칼럼] 드래곤라멘 개업 이야기 ④
메뉴를 객관적으로 평가하기는 어렵다

"좋은 상품은 팔린다는 순진한 생각은 버려라."

만화《라면요리왕》시리즈에 등장하는 라멘의 달인 세리자와 다츠야의 대사다. 세리자와에게는 자신이 최고라고 생각한 레시피의 라멘이 잘 팔리지 않고 기름을 추가해 적당히 끓여낸 라멘이 히트한 과거가 있어 장인과 냉철한 경영자라는 두 가지 면이 공존한다.

라멘 가게뿐 아니라 모든 음식점은 결국 싫증이 나게 되어 있다. 새로 생긴 가게에 가면 설레지만, 기존 가게에는 그런 신선함이 없다. 그러니 자연스럽게 신규 고객이 점점 줄어드는 것이다.

그 대책으로 체인점은 주기적으로 신메뉴를 내놓는다. 신메뉴까지는 아니더라도 계절 한정 메뉴를 내놓는 경우도 많다. 짧은 기간에 신메뉴나 한정 메뉴를 내놓는 것은 끊임없이 새로운 것을 제공하여 가게의 인상을 바꾸기 위해서다. 그만큼 싫증이 나지 않게 하는 것은 무척이나 중요하다.

자신이 손님이라고 생각해보자. 메뉴가 별로 없는 가게에는 아무래도 자주 가지 않게 된다. 변화가 없으면 얼마 지나지 않아 손님들은 싫증을 느낀다.

새 가게가 문을 열면 처음에는 사람들이 몰려든다. 신선함을 잃기 전에 얼마나 많은 단골을 확보하느냐가 안정적인 경영의 관건이다. 고정 고객과 신규 고객이 적절한 비율로 방문하고 손익분기점 매출을 안정적으로 넘어서야 가게를 오래 유지할 수 있다.

개인 가게에도 신메뉴 개발은 매우 효과적이다. 손님을 끌어모으기 쉬운 전략이므로 주기적으로 신메뉴를 내놓는 가게가 많다.

라멘은 특히 신메뉴가 많은 분야다. 평소에는 사용하지 않는 재료를 활용해 국물을 만들거나 인기 가게와 함께 새로운 맛을 만들어내어 가게의 참신함을 강조해야 한다. 드래곤라멘도 정기적으로 신메뉴를 내놓았다. 가급적이면 기존 식재료에 무언가를 조금 추가해 만들 수 있는 레시피를 선택해 리스크를 최소화했다.

드래곤라멘은 멸치와 토마토를 합친 이탈리아식 라멘 '토마니보'와 한 그릇에 멸치 100그램을 사용한 '멸치100' 등을 출시했다. 생각보다 더 많은 사람에게 호응을 받은 메뉴도 있었고, 가족들의 평판은 좋았지만 매출은 별로인 메뉴도 있었다. 사람의 취향은 천차만별이므로 직접 팔아보기 전에는 어떤 메뉴가 잘 팔릴지 100% 확신할 수 없다.

앞으로도 '선택받는 가게'가 되기 위하여

드래곤라멘은 시청 바로 옆, 역에서 도보 3분 거리에 위치해 있었다. 5분 정도 걸으면 백화점과 유흥가도 있어 '중심가'라고 할 수 있었다. 내가 태어나 고등학교를 졸업하기까지 그 근처는 늘 북적였다. 특별한 일 없이 그냥 걷기만 해도 기분이 좋았다.

고등학교를 졸업한 뒤 도시로 상경했다가 20여 년 뒤에 귀향했다. 그리고 몇 년 동안 마을의 변화를 지켜보았다. 대부분의 지방 도시가 그렇듯 교외에 대규모 쇼핑몰이 생겨 하치노헤시의 오래된 상업 지역은 예전의 기세를 점점 잃어가고 있다.

아이를 키우는 부모 입장에서 교외의 쇼핑몰은 매우 편리한 존재다. 필요한 모든 것을 살 수 있고, 맥도날드 등 체인점이 갖추어져 있으며, 게임 코너와 장난감 코너도 있어 그 안에서 즐겁게 하루를 보낼 수 있다.

그에 비하면 중심가는 조금 딱딱한 느낌이다. 주차장도 유료이고, 생활용품 가격도 결코 싸다고 할 수 없다. 그래도 나는 이 거리에만 있는 장소를 다음 세대에 잘 넘겨주고 싶다.

나는 여행을 가면 그 지역의 상가와 현지인이 모이는 음식점을 방문하는 걸 좋아한다. 그 지역 특유의 생활감이 느껴지면서 여행을 왔다는 느낌이 고조된다. 여행지에 체인점밖에 없다면 정말 실망스러울 것이다. 고향이나 도쿄에서도 얼마든지 갈 수 있는 그런 가게에는 들어가고 싶은 마음이 들지 않는다.

일본에서는 '마을 만들기'라는 말을 종종 들을 수 있다. 젊은이들의 유출을 막고 지역을 활성화하기 위해 재미있는 거리를 만들자는 취지하에 많은 지방자치단체가 힘을 쏟고 있다.

나는 '재미있는 거리가 뭘까'라는 생각을 해보았다. 아마도 많은 사람이 땀을 흘리며 다양한 일을 하는 거리를 말하는 것이 아닐까? 누군가가 재미있다고 생각하는 일은 분명 다른 사람도 재미있어 할 것이다. 그 열의가 연쇄적으로 일어나면 사람과 사람이 연결되어 화학 반응을 일으켜 재미있는 일이 더욱 많아질 것이다.

드래곤라멘은 재미있는 거리를 만드는 도전 중 하나였다. 도쿄의 대규모 자본에 밀려 하치노헤시에만 있는 가게가 점점 줄어들고 있다. 하치노헤시에 관광을 온 친구가 추천할 만한 곳을 물었을 때 체인점밖에 떠오르지 않는다면 분명 서글플 것이다.

내가 어린 시절 뛰어놀던 하치노헤시는 아이들에게도 매우 즐거운 곳이었다. 그 시대 사람들이 열심히 노력해 재미있는 곳으로 만들었기 때문일 것이다.

따라서 저출산·고령화가 사회적 문제로 떠오른 바로 지금, 사회 중심을 이루는 우리 세대가 위험을 무릅쓰고 계속해서 도전해야 한다. 체인점이 가득한 흔한 거리가 아니라, 우리 지역에만 있는 무언가를 발견해 활기찬 거리를 만들 수 있는 마지막 기회일 수도 있다.

성공 노하우가 쌓이고 쌓이면 즐거운 가게가 많이 늘어나 이 거리는 활기를 되찾게 될 것이다. 나는 그런 꿈을 안고 지금 이 순간에도 고민에 고민을 거듭하고 있다.

나가며

더 나은 세상을 꿈꾸며

지금까지 라멘 가게를 예로 들어 관리회계의 개념과 자금 관리 방법을 설명했습니다. 경영을 할 때 이것이 얼마나 중요한지 알게 되었기를 바랍니다.

제가 살고 있는 아오모리현 하치노헤시는 저출산·고령화로 인해 인구 감소가 진행되고 있습니다. 고향으로 돌아온 지 6년 정도 되었는데, 예전에는 사람들로 북적이던 중심가가 매우 조용해졌고, 빈 가게도 많이 늘어났습니다. 고향을 떠난 젊은이들은 돌아올 기미가 보이지 않습니다. 활기찬 마을 만들기, 저출산·고령화 등 당장 해결해야 할 과제가 산더미처럼 쌓여 있습니다.

이러한 문제를 해결할 방법은 단 한 가지입니다. 자급자족을 할 수 있는 산업을 만드는 것입니다. 일을 한 뒤 충분한 급여를 받을 수 있다면 사람들이 자연스럽게 늘어나고, 마을이 활성화될 것입니다.

　대도시 자본의 대기업이 공장이나 지점을 만드는 것보다 자급자족이 더욱 중요합니다. 자급자족이면 그 지역에서 사업을 철수할 위험이 없어 시민들이 자신감을 얻게 되기 때문입니다.

　국가 전체의 활력을 높이려면 반드시 지방이 활성화되어야 합니다. 지방이 쇠퇴하면 도심에도 영향을 미쳐 국가 전체가 쇠퇴할 것이 분명합니다.

　유명 브랜드를 보유한 이탈리아에서는 지방 분권이 진행되고 있으며, 경쟁력 있는 브랜드를 품은 도시가 1,500여 곳이나 된다고 합니다. 지금은 세계적인 브랜드가 된 구찌와 불가리는 지방 소규모 기업에서 시작되었습니다. 이처럼 지방에서 태어났어도 세계적인 기업이 될 수 있습니다.

　저렴한 노동력을 공급하는 비즈니스 모델은 얼마 못 가 한계에 부닥칠 수 있습니다. 고부가가치 상품을 만들면 직원 월급도 올라가고, 그로 인해 경제가 원활하게 돌아가 결과적으로 마을을 지킬 수 있습니다. 젊은이들이 무조건 지방을 싫어하는 것은 아닙니다. 더 좋은 환경을 찾아 떠나는 것뿐입니다. 너무나 당연한 일이죠.

　경제 성장이 없는 기간이 이어지면서 기업의 경쟁력이 떨어졌다는 우려의 목소리가 여기저기에서 들립니다. 종신 고용 제도는 사실상 무너졌지만 다른 한편으로는 정부가 창업자를 지원하는 제도를 강화해 기업하기 좋은 환경이 조성되었습니다. 현재 각지에는 활력을 창출할 수 있는 사람이 간절히 필요한 상황입니다.

한 사람 한 사람이 자신이 사는 곳, 나아가 세상을 바꿀 가능성을 가지고 있습니다. 이 책이 여러분이 활약하는 데 조금이나마 도움이 된다면 더 이상 바랄 것이 없습니다. 말만 하는 것은 아무런 의미가 없죠. 저 역시 고부가가치 상품을 만들기 위해 노력하고 있습니다. 머릿속에 다양한 계획이 있는데, 이를 악물고 열심히 해보겠습니다.

얼마 전에 무츠핫센陸奥八仙을 중심으로 술을 만드는 하치노헤주조 八戸酒造가 세계 주조 순위에서 1위를 차지했다는 소식이 전해졌습니다. 세계 제일의 술이 하치노헤시에 있다니 너무나 기쁩니다. 이 회사의 전무는 한 살 선배로, 저와도 인연이 있습니다. 노력에 노력을 거듭하면 세계에서 인정받을 수 있다는 사실을 가까이에서 지켜보면서 강렬한 자극을 받았습니다. 성공하느냐, 실패하느냐, 현재에 머물러 있느냐, 미래를 바꾸느냐는 모두 자기 자신에게 달려 있습니다.

자금이 많지 않은 보통 사람에게 관리회계는 내일에 대한 희망을 품게 해주는 도구이기도 합니다. 저는 각지에서 많은 사람이 활약하기를 진심으로 바라고 있습니다. 전 세대로부터 물려받은 환경을 다음 세대에 더 좋은 상태로 물려줄 수 있도록 저 역시 더욱 힘써 나가도록 하겠습니다.

라멘집 창업한 회계사의 실전 회계학개론
가게 운영에서 배운 돈 관리의 기술

초판 발행 2025년 6월 30일

펴낸곳 현익출판
발행인 현호영
지은이 이시도 류
옮긴이 오시연
편 집 김동화, 황현아
디자인 스튜디오 페이지엔, 강지연
주 소 서울특별시 마포구 월드컵북로58길 10, 더팬빌딩 9층
팩 스 070.8224.4322
ISBN 979-11-92143-99-6

KAIKEI NO KIHON TO MOUKEKATA WA RAMENYA GA OSHIETEKURERU
Copyright © Ryu Ishido 2022
Original Japanese edition published by Nippon Jitsugyo Publishing Co., Ltd.
Korean translation rights arranged with Nippon Jitsugyo Publishing Co., Ltd.
through The English Agency (Japan) Ltd. and Eric Yang Agency, Inc

이 책의 한국어판 저작권은 에릭양 에이전시를 통해
저작권자와 독점 계약한 골드스미스에 있습니다.
저작권법에 의해 한국 내에서 보호를 받는 저작물이므로 무단전재와 복제를 금합니다.

* 현익출판은 골드스미스 출판그룹의 일반 단행본 출판 브랜드입니다.
* 출판사의 허가 없이 본 도서를 편집 또는 재구성할 수 없습니다.
* 잘못 만든 책은 구입하신 서점에서 바꿔 드립니다.

좋은 아이디어와 제안이 있으시면 출판을 통해 가치를 나누시길 바랍니다.
uxreviewkorea@gmail.com